大展好書　好書大展
品嘗好書　冠群可期

楊式太極拳

8

楊式內傳太極拳 小快式

附 DVD

張文炳　傳授

張漢文　蔣　林　編著

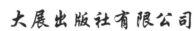

大展出版社有限公司

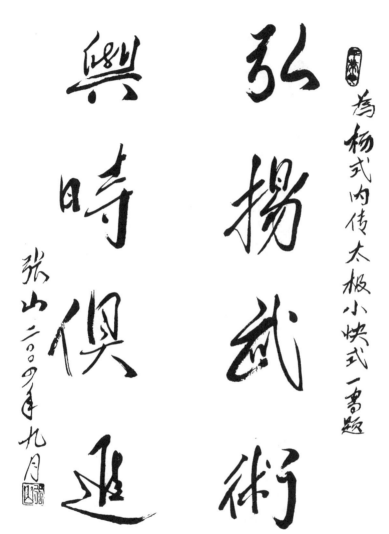

弘揚武術

興時俱進

為楊式內傳太極小快式一書題

張山 二○○四年九月

　　張山（原國家體委武術運動管理中心副主任、中國武術協會副主席、中國武術研究院副院長及國際武術聯合會技術委員會主任）爲本書題詞

賀楊式內傳太極小快式出版

博大精深楊式拳

秘籍外傳濟後人

昌滄敬書

昌　滄（國家級有突出貢獻專家、原中國體育報業
總社編審、《中華武術》雜誌第一任主編）爲本書題詞

祝賀楊式內傳太極小快拳正版

中华武術源远流長

揽掘整理继承发展

北京武林同道孙學勃賀

二〇〇四年十二月

　　劉學勃（中國武協榮譽委員，北京市武協顧問委員
會任任、老武術家委員會主任及戳腳翻子拳研究會會
長）爲本書題詞

剛柔相濟

求美圖法

二〇一七年十月

王世泉（北京市武術協會副主席、北京武術院副院長、北京市武協八極拳研究會會長）爲本書題詞

楊式太極拳第二代宗師
楊班侯先生
（1837—1892 年）

楊式內傳太極拳第三代宗師
楊少侯（名兆熊）先生
（1862—1930年）

張文炳宗師練功照

張文炳宗師傳授弟子技法

作者與吳彬先生(中)合影（吳彬：中國武術協會副主席、亞洲武術聯合會技術委員會主任、原北京武術院院長）

作者張漢文(左一)、蔣林(右一)與師兄王秀田(中)、李順波(右二)、梁禮(左二)合影

作 者 簡 介

　　蔣林，1945年生於天津武清縣。出生武術世家，7歲從家叔始學通背拳，14歲入選北京市業餘體校從王茂林老師學中國式摔跤，後正式拜摔跤健將朱友山爲師，繼續學練中國式摔跤，曾入選北京市通州區代表隊，多次取得市級比賽的優秀成績。

　　1964年作者師從張文炳（字虎臣）先生習楊式內傳太極拳械，至1970年正式成爲張文炳先生的登堂入室弟子，是楊式內傳太極拳第五代主要傳人。

　　1982年應北京市通州區體委之邀，任區太極拳培訓班教練，培養出太極拳輔導員近百人，並多次被評

爲北京市太極拳優秀輔導員。

　　1995年應聘任北京騰龍武術學校教練，培養出多名武術優秀人才，在市級武術比賽中取得前六名的優秀成績，其中盧占國、王非在全國和北京市武術比賽中，取得拳術、器械、對練的第一名。

　　現任北京市武術協會楊式太極拳研究會委員、北京市武協團結湖培訓中心副主任、澳洲少林禪武學會總會顧問。

　　張漢文，1940年生，曾任北京市武術協會副秘書長、北京市武術協會三皇炮捶研究會常務副會長兼秘書長、澳洲少林禪武學會總會顧問。中國武術七段。

　　作者自幼習武，1954年拜「京都會友鏢局」著名武術家「大槍董英俊」先生爲師，習練三皇炮捶拳械，是此拳種的第七代主要傳人。1957年拜楊式太極拳第四代名家崔立志（字毅士）先生爲師，習楊式大架太極拳；此後有緣又拜在楊式內傳太極拳第四代宗師張文炳（字虎臣）先生門下，深研楊式內傳太極拳之奧妙，成爲楊式內傳太極拳第五代傳人。此外，曾

得授著名武術家吳斌樓，查拳大師常振芳，三皇炮捶大師袁敬泉、段庶卿、張慶雲和著名中醫、武術大師歐錫九等諸位老師的指導和教誨，功底頗深。

曾發表過武術理論、功法技法、點穴按摩、宣傳武德等數十篇文章，其中一些文章彙編入《功法薈萃》《內功舉要》和《北京武林軼事》等書中；著有《三皇炮捶拳》一書，並先後又在日本和臺灣出版，此書的出版結束了此拳種口傳身授的歷史，此後又出版了《三皇炮捶匯宗》。在《燕都當代武林錄》一書中任副主編，出版有《中國傳統武術大全·三皇炮捶》、中國傳統武術經典系列《名家名拳·三皇炮捶拳械專集》等多種教學光碟。

曾參加《京城武林》《武術世界》等多部大型紀錄片錄製的演練工作，曾多次參加北京市武術比賽，成績優秀。自20世紀70年代至今，積極開展教學工作，培養了大批武術人才，弟子遍及國內外。

#

世人多認為傳統楊式太極拳無論是八十八式或一百零八式，就是一套拳架。從歷史上看楊式太極拳並非只有一套拳架，是因為在流傳中不斷變化、修訂成今天這一套拳架的，其他拳架流傳稀少，鮮為人知。

楊露禪所傳創編的各架太極拳是楊式太極拳初步形成時的風格，傳到第二代宗師楊班侯時改成小架，又稱「實用架」，這些拳架、功法基本上只在楊式子弟內部傳承。宗師楊建侯則改成以養生為主的中架普世外傳。楊式太極拳形成內、外兩條傳承脈絡，傳到宗師楊澄甫時又將中架修訂成大架，流傳至今。而楊澄甫的哥哥楊少侯在繼承了其父楊建侯中架的基礎上又繼承了他伯父楊班侯的家手、小架、推手、技擊等功夫。使內、外兩條傳承脈絡合二為一，形成了楊式太極拳體系架構。

由於多年來不斷發展變化，見到楊式太極拳體系全貌的人極少，故許多人認為楊式太極拳技擊用拳架可能失傳了。其實不然，是因為老師們擇徒慎重，不輕易傳人而已。由於該拳架難度大，沒有深厚的功底是學不好的，精通者尤其寥寥。

本書介紹的楊式內傳太極拳小快式，是蔣林、張

漢文先生的恩師張文炳（字虎臣）先生所傳。張文炳
是楊少侯和楊澄甫合傳的登堂入室弟子。小快式是楊
式太極拳體系中的高級功法，爲實用拳架，世傳稀
少，可謂是楊式太極拳中的珍品，多年來未曾泄世，
知其全貌者更少，甚至多數太極拳習練者未曾聽說
過，此言並非誑語，細思之的確如此。

因多年見不到該拳路的眞面貌，有的就將慢拳快
練稱爲「快拳」，還有的自編近似長拳的套路稱其
「太極快拳」。近年來，也見到幾本書介紹「小架」
「用架」，與本書介紹的小快式無論從風格特點到運
動形式都有相當大的差異。

楊式內傳太極拳「小快式」之名是老式傳授該拳
時稱謂的，是原汁原味的。蔣林、漢文先生將所學原
原本本地奉獻給讀者。

小快式的風格特點是：架勢低小，輕靈圓活，招
式多變，小中寓大，無中寓有，發力冷彈脆快，剛柔
忽隱忽現，起伏如游龍戲水，行拳似波濤駭浪。招招
式式，神意細微。風格獨特，非常優美。

張文炳先生曾講：「這套小快式，原是楊氏內傳
的，只有在楊氏子弟和極少入室弟子中傳習，與世之
所傳多有不同。」文炳先生擇徒謹嚴，傳人甚少，能
傳其衣鉢者僅有王秀田、李順波、梁禮和蔣林等諸
人。其中年齡最小的也已年過花甲了，雖有傳人，仍
有失傳只憂！

　　蔣林、漢文先生斟酌再三，決定將其整理成文，並配圖片加以詳細地說明，公之於世，獻給武術愛好者。

　　我相信，本書的問世，爲我們認識太極拳開拓新的視野，會引起太極拳界的興趣，對研究太極拳的流源、拳架的演變、技法和練法等都有實際意義。我鄭重的向武術界的朋友們介紹。

中國武術協會顧問
原中國武術研究院第二任院長　　張耀庭

太極百花園中一奇葩

　　楊式內傳太極拳體系的三卷書與廣大讀者見面了，這是廣大武術愛好者及楊式太極拳愛好者的一大幸事，向張漢文和蔣林二位先生表示祝賀。

　　楊式太極拳是中國文化寶庫的一枝奇葩，是太極拳中一個主要流派，它由第一代宗師楊露禪及其子楊班侯、楊健侯，其孫楊少侯、楊澄甫祖孫三代苦心鑽研不斷修潤，從陳式太極拳老架發展而來。

　　現今世間流傳比較廣泛的就是經第三代宗師楊澄甫先生修潤定型的楊式大架太極拳，而楊式內傳太極拳卻鮮為人知。

　　2004年我有幸親眼目睹了蔣林先生演練的楊式內傳太極拳小快式，給人耳目一新的感覺。它勢架低，動作幅度小，運動速度快，步法靈活，發勁冷彈脆快，但又保持了傳統楊式太極拳中正安舒、鬆柔圓活等特點，這套楊式內傳太極小快式難度大、技擊性強。

　　漢文先生自幼習武，曾向多位名師習練多種拳術，特別對三皇炮捶拳術有很深的造詣，曾盡心著有

《 三皇炮捶匯宗》一書。現雖年逾花甲，卻不滿現狀，孜孜以求，在早年曾向崔毅士老師習練楊式太極拳大架的基礎上，又繼續研練楊式內傳太極拳，其精神可貴可敬。

由於當年楊家傳拳內外有別，楊式內傳太極拳體系只在楊氏子弟和極少數外姓入室弟子中以口傳心授的方式傳承延續，這樣精華之脈雖不絕如縷，卻面臨失傳危險。爲使楊式內傳太極拳體系完整地流傳於後，公諸於眾，漢文與蔣林二位先生打破陳規舊習，毫無保留地披露了楊式內傳太極拳體系，將該體系中的「楊式內傳太極拳一〇八式」「楊式內傳太極拳加（家）手」和「楊式內傳太極小快式」這三趟拳，完整地著書於世，並願廣泛傳播。這是廣大武術愛好者，特別是楊式太極拳愛好者的福音，也是對繼承發展武術文化遺產的貢獻。

國家一級教練

北京市武術協會委員

常（振芳）式查拳名家　　**劉鴻池**

孫式太極拳第三代主要傳人

中國武術七段

前　言

　　「楊式內傳太極拳小快式」是楊式內傳太極拳體系中的第三路拳架，是在練好「家（加）手」基礎上的高級拳法，這套拳架是作者恩師張文炳先生所傳。

　　張文炳（字虎臣，1898—1979年)先生，北京人，是楊澄甫先生和楊少侯先生合傳的登堂入室弟子，是楊氏內傳子弟中極少數外姓弟子。

　　先生得授楊式內傳太極拳真諦，謹遵師命，隱於鬧市，秘練半生，淡泊名利，雖身懷絕技卻不顯於世。新中國成立後，由於工作和生活的變故，不得已面世授拳。但多數從習者僅學得第一套養生拳架，只有少數弟子學得第二套和第三套拳。

　　如今能承其衣鉢者僅有劉習文、韓世昌、王秀田、李順波、梁禮、蔣林等六七名入室弟子，我輩人也已進入花甲、古稀之年，事師數載，深受恩師教誨，不敢將先輩之寶貴技藝失傳，故願將楊式內傳太極拳體系全盤托出，奉獻給廣大武術愛好者。

　　本書所介紹的「楊式內傳太極拳小快式」，其風格特點與楊式內傳太極拳正路子（108式）和楊式內傳太極拳家（加）手的風格特點有很大差異。正路子（108式）和家（加）手，動作幅度適中或稍大些，舒

展大方，瀟灑自然，緩慢悠長，輕柔圓順，外形不見發勁。而小快式則不同，其勢架低小，小中寓大，無中寓有，運動速度快，步法靈活，時緩時疾，發勁冷彈脆快，剛柔忽隱忽現，招式多變，輕靈優美，但不失楊式太極拳中正安舒、鬆柔圓活、輕靈不浮、沉穩不僵、上下相隨、連貫一氣、合順自然的基本特點。

　　小快式實用性很強，整個套路二百多個式子要在10分鐘內一氣呵成可不是一件容易的事。一來需要一定的內功修養，二來名師的正確指導也必不可少。為了引領有一定太極拳基礎的習練者步入太極拳的至高境界，本書採用直白的文字語言對各式動作做法及要領詳加解說，使之「多」而不「亂」，「全面」而不「冗雜」，「境界高」而不「澀難」。特別強調運用「家（加）手」中所養練成的內氣，做到氣勁合一。

　　編者根據多年練功的體悟詳述氣機運作方法，充分體現拳中「以心行氣、以氣運身、氣遍身軀、行氣如九曲珠」的要領。這也是本書的主要內容之一，權作引玉之磚，以求同好賜教。

　　為使習練者輕鬆領悟「楊式內傳太極拳小快式」的真諦，循序漸進地掌握動作要訣，引導習練者通達高境界，本書特介紹「基本功法」，其中「步法練習」「纏手功」和「太極柔身功」三項功法尤為重要。習練者首先要練好這三項小快式的基礎功夫，再習練小快式拳架，就有了通達高水準之基礎和捷徑。

書中還對太極拳技擊原則、技擊妙訣、技擊中應用的勁法以及內傳太極拳訣都作了簡述，也是筆者的一孔之見，願與習練者共同研究。

楊式內傳太極拳體系內容非常豐富。本書針對其中的高級拳法進行了整理，由於水準有限，難免有不盡如人意之處，望同好指正。我們相信本書的出版會爲太極拳研究者、愛好者提供一個全面完整認識楊式太極拳的嶄新視角。同時，也將引起太極拳界的極大興趣，對研究太極拳的源流、拳架的演變、技法和練法等都會有重大意義。

本書在編寫過程中，深得武術界幾位老領導、老武術家的熱情支持，爲本書揮毫題詞、作序；又曾得到劉熾京、劉科、呂驥、 陳海欽、劉福來先生和張怡、張波、李慶華、李鳳霞女士的鼎力相助，在此書出版之際，表示衷心的感謝！

編著者

目　錄

一、一代宗師張文炳先生與楊式內傳太極拳 ········ 25

二、楊式內傳太極拳小快式風格特點 ············· 31

（一）小快式與正路子和家手拳架的共性 ··········· 32
（二）小快式拳架的個性 ················· 35

三、楊式內傳太極拳小快式體勢要求 ········· 40

（一）頭 部 ················· 40
（二）肩 部 ················· 41
（三）肘 部 ················· 42
（四）腕 部 ················· 42
（五）手 部 ················· 43
（六）胸 部 ················· 43
（七）背 部 ················· 44
（八）腰 部 ················· 44
（九）腹 部 ················· 45
（十）臀 部 ················· 46
（十一）襠 部 ················· 46
（十二）胯 部 ················· 46

（十三）膝部 ……………………………………… 46

（十四）足部 ……………………………………… 47

（十五）全身中正安舒 ………………………… 47

四、楊式內傳太極拳小快式步型步法 ………… 49

五、楊式內傳太極拳基本功法 ………………… 54

（一）太極揉球功 ……………………………… 54

（二）步法練習 ………………………………… 63

（三）纏手功 …………………………………… 67

（四）揉身功 …………………………………… 69

六、楊式內傳太極拳小快式拳譜名稱 ………… 72

七、楊式內傳太極拳小快式套路圖解 ………… 77

八、楊式內傳太極拳技擊 ……………………… 251

（一）技擊原則 ………………………………… 251

（二）技擊竅要 ………………………………… 254

（三）內外相應法 ……………………………… 256

（四）勁法的應用 ……………………………… 263

（五）楊式內傳太極拳訣 ……………………… 269

一代宗師張文炳先生
與楊式內傳太極拳

談起楊式太極拳，許多人都知道，在國內練習太極拳以健身者普見於街頭公園，男女老少，打拳舞劍，如癡如醉。隨著中國迅速崛起，太極拳對外的傳播更為廣泛，使西方許多國家興起學練太極拳熱。但是談楊式內傳太極拳，不但絕大多數人不知道，就是國內著名的「太極拳家」也沒有幾位見過。因為楊式內傳太極拳架原本只在楊氏子弟和極少入室弟子中傳承。

楊澄甫先生的弟子汪永泉先生在《楊式太極拳述真》一書中這樣寫道：「從歷史來看，楊式太極拳的前輩初到北京時，除了教練旗軍，主要是在王府教貴族子弟練拳，這些養尊處優的人不能刻苦習武，因此，教授的只是由陳式太極拳發展成的楊式太極拳養生架子。目前流傳於世並廣泛習練的就是這套養生拳架，單練這個套路是不能技擊的，需要補充揉手技法。楊式太極拳的技擊架子只傳給了自家子弟和部分門徒。」由此可見世傳的只是一套養生拳架，楊式內傳太極拳則另有一套體系。

當代楊式太極拳傳人傅鍾文先生說：「總共只有這麼一套大功架，沒有第二套拳。」（見《精武》1998年第八期《楊式太極長拳》一文）這說明楊澄甫先生於1928年應弟子陳微明先生之邀赴上海授拳後，傅鍾文在上海向楊氏學拳時，楊澄甫先生已不傳快拳了。

楊氏1936年去世時，除長子楊守中二十多歲外，另外三個兒子年齡都在10歲上下，同傅鍾文一樣，他們沒有得到快拳的傳授，「只得到這麼一套大功架」，即汪永泉先生所說的「這套養生架子」。傅鍾文先生講「沒有第二套拳」，這說明楊式內傳太極拳體系，在楊氏子弟中未能傳承下來。

傅鍾文先生及楊氏後人都不否認，欲全面掌握太極拳技術，一些快速練習仍是必要的。但是由於楊式快拳傳世不多，所以現在流傳的一些快練，也只不過是把慢練的架子進行快練而已。在河北省永年縣楊式太極拳的故鄉，有傳統老架，它與後期楊澄甫先生所修定的大架基本相同，對楊式內傳太極拳體系中的拳架也無人得授。

儘管如此，然而楊式內傳太極拳並沒有失傳。張文炳（字虎臣）先生，是楊式太極拳第三代宗師楊澄甫先生和楊少侯先生合傳的登堂入室內傳弟子，得授楊式內傳太極拳第一路「正路子（108式）」、第二路「家手」、第三路「小快式」（簡稱「快式」「小式」）和太極內功、揉（推）手功及各種太極門器械，全面繼承了楊式內傳太極拳完整體系，是楊式內傳太極拳弟子中極少數外姓弟子。

張文炳先生，生於1898年，北京人，北京前門外昌盛銀號分號經理。先生酷愛武術，1919年始學於原北平體育

研究社。1921年有幸拜在楊式太極拳第三代宗師楊澄甫先生門下，成為登堂入室弟子。得授楊澄甫先生早期拳架，即正路子（108式）、太極推手、太極十三刀、太極六十四劍等，為使楊家內傳的功夫後繼有人，薪火不斷，楊澄甫先生選定愛徒張文炳先生並將他舉薦給其兄楊少侯先生，繼續學藝深造。

楊少侯先生所演拳架由其伯父楊班侯先生所傳，其拳架勢小勁剛、靈活多變、招法迅捷、出手即打，是為楊式太極技擊拳架，即小快式。據傳，少侯先生性情剛烈，教拳嚴厲，喜歡出手打人，有其伯父之遺風。許多人因難以忍受而輟學，或敬而遠之，因此傳人甚少。

楊少侯先生見張文炳天資聰慧，勤奮好學，功底紮實，為人又忠厚誠實，並且又是弟弟楊澄甫舉薦來的愛徒，心裏特別喜歡，將他視為自家子弟。因為有了這種神奇的緣分，少侯先生將楊式太極柔身術、太極揉球功、內功功法、楊式內傳太極拳家手、楊式內傳太極拳小快式、太極推手、太極拳對練、技擊應用以及太極46式刀、太極大杆等拳械精髓，傾囊傳給了張文炳先生，並秘傳《宋氏家傳太極功源流支派論》拳譜。那時楊家傳拳內外有別，先生所學多為楊氏家中內傳功夫，所以與世之所傳多有不同。張文炳先生在兩位大師的培育下，練就了一身卓絕的太極功夫。

先生所練的小快式，勢架低小，中正安舒，輕靈優美，小中寓大，無中寓有，圓活快捷，動作時緩時疾，剛柔忽隱忽現，神意細微獨特，非常精彩。先生所演練的內傳太極拳家手，中正安舒，輕靈不浮，沉穩不僵，瀟灑脫

俗，以意領氣，以氣運身，動如運球，連貫圓活，神意細膩。先生推手時體鬆、心靜、神斂、氣聚、勁整，步法迅捷，飄忽不定，發勁冷彈脆快，迅若雷霆，沉長綿軟，虛實潛轉，變化莫測，常於不知不覺中將人發出丈外，他對弟子常說：「太極無法，一動即法。」先生內功極深，二目銳利如電，神光熠熠，時常目光犀利，使人膽寒，不敢與之對視。

張文炳先生所傳太極拳，有一個嚴格的循序漸進的拳架練功體系。這個體系包括楊式內傳太極拳正路子（108式）、家手和小快式，傳授學員，先學正路子，繼而學習楊式內傳太極拳家手，待功夫達到基本要求了，最後才能學習楊式內傳太極拳小快式。此程序從不逾越，非至誠至愛弟子，不可窺其全貌，故傳人甚少。

楊式內傳太極拳正路子（108式）是家手拳的簡化套路，近似於目前普遍傳播的楊式太極拳傳統套路。其姿勢高低與動作幅度皆適中，速度較慢，初學太極拳必須從此拳架學起，先求形似，後求神似，在手、眼、身、法、步皆合度的基礎上，做到圓活連貫、上下相隨、由鬆入柔、運柔成剛，漸至輕靈不浮，沉穩不僵，再加推手練習，可達相當功效與技巧。此架體用兼備，老幼皆宜，尤以健身效果最佳。因而最適合在廣大群眾中普及推廣。

楊式內傳太極拳家手，是在練好正路子基礎上的進階套路，其套路中多了許多新的招式，兩手常似抱球運轉，使拳勢之間的連接更加圓活，行拳主要以內氣運身，以練腰的轉動和下盤功力為主。由鬆入柔，運柔成剛，漸至輕靈不浮，沉穩不僵，為楊式太極拳有一定基礎者習之，以

增加功力，其演練速度與正路子相同，練完一套不少於45分鐘。堅持演練可以舒筋活血、順氣通絡、調節陰陽和祛病延年。

　　學習小快式的方法與學前兩路方法不同，必須先學成一式，方可再學一式，如此一式一式完成，隨著功力的增長，每式練至純熟，從內到外成為一體，方可逐式連接，漸至一氣呵成。會小快式的人很少，先生不輕易傳人。而且先生授拳，因材施教，特別注意基本功單操訓練，教弟子都是單個教，一式一式教，在教你時我不可以在旁邊聽著看著，要在遠遠的地方自己去練。教我時你也不准在旁邊聽著看著，也必須到遠遠的地方自己去練。弟子之間不得串學串練，教誰什麼樣，就按什麼樣去練，非常嚴格。說手時更是在沒人時才給說。這就是先生因材施教，單個傳拳的方法。

　　先生是根據弟子的身體條件、性格和悟性來傳授功夫，使每個人都有各自的風格特點，故拳路不盡相同。

　　師得授真傳，卻從不炫耀於世。他性格溫順，「上善若水」「大智若愚」僅尊師命，隱於鬧市，練功不輟，深研體悟太極拳真諦。在新中國建立前一直是北平昌盛銀號分號經理，收入頗豐。偶爾應一些富賈聘請到府上講授養生之道，傳授養生太極拳架。新中國成立之後，先生因工作和經濟狀況的變故，不得已露世授拳，但大多數習者學到的僅是第一路拳，能學第二路拳者不多，能學第三路者更少。因為先生擇徒慎嚴，且因材施教，單個傳拳。如今能全面承其衣鉢者僅有劉習文、韓世昌、王秀田、李順波、梁禮、蔣林等六七名入室弟子，這幾位老師都已過古

稀、花甲之年，仍然在積極努力栽桃育李，發現和培養人才，發揚這一國粹精華。近年來在永年縣太極拳界有點聲望者，多次千里迢迢赴京尋師訪友，聞悉到有楊式內傳太極拳傳人，為學回這楊式內傳太極拳的精華功夫，他們千方百計，苦苦追求，放下昔日所學拳架，正式拜師求教，從頭學起，循序漸進，已初見成效。

1979年張文炳先生仙逝了，享年81歲。雖然先生走了，但他對我們的諄諄教誨依然在耳中回蕩，他的音容笑貌時常浮現在我們腦海中；他把強身健體、防身自衛和修身養性的寶貴財富留給我們，留給後來者，使它永放光芒！

先生所傳的楊式內傳太極拳體系，清楚地揭示了楊式內傳太極拳傳功有序，三套拳架，各有其功效。三個相關內容，練習三層功夫，體現練功的三個階段，使習練者攀登有梯，進步有法。雖同屬楊式太極拳門戶，卻有自己流派精微獨到之處，成其為楊式內傳太極拳練功的完整體系。這個體系的發展，確為太極拳史上的一件大事，它對我們研究太極拳的源流、拳架的演變、技法與練法等都有不可估量的意義！

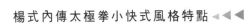

楊式內傳太極拳
小快式風格特點

多年來人們一提到太極拳就會想到動作均勻緩慢不發力的楊式太極拳，而不知還有運動速度快捷且發力冷彈脆快的楊式太極拳。

楊式內傳太極小快式的練法不同於平素見到的108式傳統拳架和家（加）手拳架，也不同於近幾年所見的「楊式太極小架」或其他什麼快拳和小架。在運動形式和演練風格上，內傳小快式有它自己獨特方法和韻味，究其原因就是當年楊家傳拳，內外有別之故。

據張文炳先生講：「這套小快式，只在楊氏子弟和極少數入室弟子中傳承。少侯先生得授他伯父班侯先生，少侯先生傳授與我，與世之所傳不同。」

小快式套路特點：勢架緊湊，小中寓大；單輕步法，運動快捷；轉換細膩，神意熨帖；靈活多變，實用性強；動作時緩時疾，如游龍戲水，剛柔忽隱忽現，似波濤海浪；圓轉自如，輕靈順暢；快中鬆靜，一氣呵成。小快式雖有如此之多的獨特風格特點，卻不失楊式太極拳心靜、

體鬆、中正安舒、輕靈圓活、用意斂神、上下相隨、連貫
不斷、合順自然等基本要求。

「小快式」是在「太極拳家手」拳架基礎上發展而來
的，是技擊性很強的高級拳法。與前兩套拳架運動形式風
格迥然，但在體勢要求和用意斂神等基本風格是一致的。

（一）小快式與正路子和家手拳架的共性

1.虛靈頂勁

頂勁者，頭容正直。神貫於頂，不可用力，用力則項
強，氣血不能流通，須有虛靈自然之意，非有虛靈頂勁，
則精神不能提起也。

2.含胸拔背

含胸者，胸略內含，使氣沉於丹田。胸忌挺出，挺出
則氣擁胸際，上重不輕，腳跟易於浮起。拔背者，氣貼於
背，能含胸則能拔背，能拔背則能力由脊發，所向無敵
也。

3.鬆　腰

腰為一身之主宰，能鬆腰然後兩足有力，下盤穩固。
虛實變化皆由腰轉動，故曰「命意源頭在腰隙」，有不得
力必腰隙求之。

4.分虛實

太極拳術以分虛實為第一要義。如全身皆坐右腿，則

右腿實，左腿為虛；全身皆坐左腿，則左腿實，右腿虛。虛實能分，而後轉動輕靈，毫不費力；如不能分，則邁步重滯，自立不穩，而易為人所牽動。

5. 沉肩墜肘

沉肩者，肩鬆開下垂也。若不能鬆垂，兩肩端起，則氣易隨之而上，全身皆不得力。

墜肘者，肘往下鬆墜之意。肘若懸起，則肩不能沉，放人不遠，近於外家之斷勁矣。

6. 用意不用力

太極拳論云：「此全是用意不用力。」

練太極拳全身鬆開，不使有分毫之拙勁，以留滯於筋骨血脈之間以自縛束，然後能輕靈變化，圓轉自如。或疑不用力何以能長力？蓋人身之有經絡，如地之有溝洫，溝洫不塞而水行，經絡不塞則氣通。如渾身僵勁充滿經絡，氣血停滯，轉動不靈，牽一髮而全身動矣。若不用力而用意，意之所至，氣即至焉。如是氣血流注，日日貫輸，周流全身，無時停滯。久久練習，則得真正內勁，即太極拳論中所云：「極柔軟，然後極堅剛也。」太極功夫純熟之人，臂膊如綿裹鐵，分量極沉。練外家拳者，用力則顯有力，不用力時，則甚輕浮，可見其力乃外勁浮面之勁也。不用意而用力，最易引動，故不足尚也。

7. 上下相隨

上下相隨者，即太極拳論中所云：「其根在腳，發於

033

腿，主宰於腰，形於手指。由腳而腿而腰，總須完整一氣，手動腰動足動，眼神亦隨之動。」如是方可謂之上下相隨，有一不動，即散亂矣。

8. 內外相合

太極所練在神，故云：「神為主帥，身為驅使。」精神能提得起，自然舉動輕靈。架子不外虛實開合，所謂開者，不但手足開，心意亦與之俱開。所謂合者，不但手足合，心意亦與之俱合。能內外合為一氣，則渾然無間矣。

9. 相連不斷

凡不以內氣發力的拳術，其勁乃後天之拙勁，故有起有止，有續有斷，舊力已盡，新力未生，此時最易為人所乘。太極拳用意不用力，自始至終，綿綿不斷，週而復始，循環不窮。原論所謂「如長江大河，滔滔不絕」，又曰「運勁如抽絲」，皆言其貫串一氣也。

楊澄甫先生所提出的十要，這裏引用了其中九要都適合內傳小快式的要求。第十要的「動中求靜」之解釋，小快式中另有其含義。小快式運動速度快，且時緩時疾，其動如靜，其靜如動，動即是靜，靜即是動。雖快但也做到「動中求靜」的要求。因為小快式中的「動中求靜」功夫是從慢練中練出來的，動作雖快捷，但依然是腹式呼吸，而呼吸與運動自然配合，氣沉丹田，無喘息之弊。這就是我們說的學習小快式必須有第一套拳和第二套拳的功夫基礎的緣故，沒有前面兩路拳功夫的基礎，就難以學成小快式功夫，倘若學了也是功不純，甚至練成了外家拳。

（二）小快式拳架的個性

1. 勢小緊湊，小中寓大

練習小快式，除極少數動作瞬間起伏站立之外，其他動作全都是在屈膝半蹲運動中完成的，從整體看拳架較低。半蹲體勢，鬆靈穩健，沉而不浮，動作變化快，非常有利於實戰。

半蹲勢還能使動作彈性增大，收放團發，進、退、閃、轉變化自如，但不能過於低矮，更不能做成全蹲勢。過於低矮則不靈活，更不利於實戰。那種在八仙桌下打一趟小快式的說法，僅僅是說說而已。

勢小緊湊還表現在出手時的屈肘沉肩，當手運動到一定距離成屈肘狀態時基本上就不再往前伸了，形成極富彈性的姿勢，且保持了身體的中正安舒，使外形到內勁發放上保持無過不及。雖然出手近，但放勁遠，意遠神照即斂回，做到小中寓大。

小快式很少有放長擊之手，即便有也是見影不見形，冷脆疾快，一放即收，出手無形，輕靈巧捷，不像大（中）架子那種大開大合、舒展大方的風格。

2. 單輕步法，輕靈快捷

小快式動作都是在運動中出手，所有的步法都是單輕步，即便外形上看像似併步，但在兩腳間總是一實一虛的。所謂單輕則靈，雙重則滯即是。

單輕步法，靈便快捷，落步著地似落非實，隨時變

化。無論是走什麼樣的步法，前進、後退、左右橫開、搬步、三角步或蛇行步，基本上都是隨進隨退、開來開去、輕靈活暢，而不是跳躍，也不是雀躍。

單輕步法要求兩膝半蹲，鬆腰落胯，收臀吊襠，沉肩垂肘，含胸拔背；腹中內氣騰然，以胯帶腿，提腳落步時腳與地面保持平行，距離地面不超過10公分，移動距離隨勢而定。進、退、開、併，似蕩舟一般，極其輕靈，沉穩不浮。例如：如封似閉中的退步挒分，左腳後退，右腳向後收提輕移，雙手輕置胸前，邁步如貓行，虛實自變，進步攻按，去在浪頭，回在浪尾，所有動作圓柔活暢，絲毫無停滯狀。

拳法秘訣云：「閃開即進步，顧住即攻上。」「手從腿邊起，意到腳身跟。側身步輕移，肩鬆勁貫指，藏勢彎左膝，靈動變虛實。」心靜用意，意動形隨。

3.轉換細膩，神意熨帖

小快式演練時速度雖然快捷，但是在兩個動作轉換之間的每一動都要做到位，過程交待清楚，每一起動，由內到外，心靜用意，以神意為帥，氣為旗，意動氣至，氣動身隨，動作細膩，不丟勁，不丟手，絕不囫圇吞棗，漫不經心地滑過，手腳再快也得將動作交待得清清楚楚，乾淨俐落。

4.靈活多變，實用性強

小快式拳路中招式多變，招中套招，勁中含勁。練習時必須清楚每一招式的攻防含意，招式變化講究輕靈圓

活。例如：挒中含著托，托中含著撅拿和拋擲；合手勁中含著沉頓勁，又可變為搓捻勁。採勁中含著搓捻勁，也可含著纏分勁。內勁沉而靈活，招式變化自如。

小快式在演練中，兩手一長一短。講究長手不遠，短手不慢，出引要柔，發招要剛。長手屈而柔，直而剛；短手要明柔暗剛。引要輕虛，發則準實，短出自衛，長發放人。反之短發制人，則必須出長手以自衛。靈活運用，長中有短，短中有長。短手要靜緊，長手要鬆靈，兩手明柔暗剛，變化莫測，實用技擊性很強。

5. 動作快捷，時緩時疾

小快式的運動節奏不像傳統的楊式養生架那樣均勻緩慢，而是快捷、連貫不斷的，在快捷中還求快，快中之快是為疾手，但快中也有時緩，快與緩的變化都是在圓活中自然順合轉化的。

小快式練習常會出現在舒緩悠長的狀態中忽然變快，時緩時疾，猶如游龍戲水，激流放舟，無論哪一式都要保持飽滿圓活、不斷不空，整體速度比慢練架快得多。

6. 發力冷彈脆快，剛柔忽隱忽現

小快式動作活暢快捷，時緩時疾。舒緩悠長中是柔蓄，在柔緩中忽然變快發力，如鷹之準，如鵬之展，又靜又快，先照後發，百發百中。快似迅雷不及掩耳，冷彈脆快，勁力一沾即發，沾過即無。用之則行，捨之則藏。藏非懈軟，內含待用。剛柔交替忽隱忽現，變化無常，神鬼難測。太極用手都在一個圈中完成化打，手之用，化力為

勁，用之則行，捨之則藏，化去對方之勁，我手仍在圈中，使對方自己送到我手上，縮短了出手換式的時間和空間，何償不快？但是出手無論有多快，皆是在圓環中產生的，即是曲中求直的應用。

小快式發勁時似閃電般連續發放，柔緩時卻是沉穩悠長。虛虛實實，實實虛虛，內外合一，意氣順暢，發勁似激浪放舟，收手時蓄柔含剛，無斷續凹陷之處，強調動作快捷、發力冷彈脆快，剛柔忽隱忽現。平時人們常練的楊式太極慢拳是不發力的，且運動節奏是均勻的。但小快式則不同，它要求冷彈脆快地發力。

小快式強調「用意不用力」，而不是用意不要力，這裏所指的力，已是經太極心法曆煉後的寓陰陽、剛柔、虛實變化屬性的力，即太極勁。是要求以意氣去發勁，力不妄用，該出手時就出手。當然平常練功時也可以不放勁，做到意到斂神即可。

7. 運動量大，一氣呵成

小快式全套有二百多個式子，全套打下來要在十分鐘內完成，運動量是較大的，並且要求式式相連、不停不斷，以內導外，氣動身隨，內外合一，一氣呵成。要求有相當的功底和紮實的基礎才能完成。

8. 內外合一，神形兼備

「內」指神意氣勁的內纏絲圈運作和「外」指軀幹肢體各部的外纏絲圈運作的和諧統一，亦即以神意指揮氣動，氣動身隨，一動無有不動，一靜無有不靜，其神意為

君，內氣為臣，骨肉為民之關係，故而內外合一。精神一提起來則全身自然會輕靈舒適，而不會有遲滯笨重的弊病。倘若不注意用精神而用拙力，那麼身體一定會被拙力所驅使，動作也就不能輕靈自如了。

每一個動作轉換時，內氣自始至終在腹內隨神意的指揮騰然而動，猶如九曲珠般圓活，四肢百骸，處處都有圓珠，處處都有圓的動作，任何微小之處都能通達應用。

小快式拳架要求練拳先練形，練功不忘形。這樣才能做到虛領頂勁、含胸拔背、沉肩墜肘、立身中正、內外合一等關於形的要求，以及保證神形合一所必需的鬆、靜、穩、合、連的方法。不按這些方法練習，那就絕對演練不出輕靈快捷、轉換細膩、渾厚沉著的小快式風格和功蘊其中、神逸其外的太極功夫。

拳論說：「形為象，神為魂，意自形生，形隨意轉。」神靜而心和，心和而形全，重視神者形之用的精神，主張形中寓神，神中合形，神形兼備。

有人說太極拳重意不重形，這也只能是在鍛鍊多年，有了正確的動力定型以後的事情。所以，太極拳有合規矩而脫規矩，脫規矩而合規矩的說法。

楊式內傳太極拳
小快式體勢要求

　　練太極拳要求體勢做到：懸頂順項、含胸拔背，沉肩墜肘，塌腕，鬆腰實腹，斂臀落胯，膝部鬆活，兩足分虛實，全身中正安舒。

（一）頭　部

　　頭部在人身中最為重要，因為頭部是高級神經中樞（大腦）的所在地，人的一切行動都是由大腦來指揮。頭如秤的定盤星，為周身之主宰，全身之綱領，前進、後退、左顧、右盼等動作均以它為準繩。總之，心、意、精、氣、神，手、眼、身、法、步，無不與頭有關，都需要從「頭」做起。

　　頭為至高清虛之地，一身之主，頭正則身軀自然中正，即俗話所說的提綱契領豎線路。所以無論是快練或慢練拳時，頭部要保持自然正直，不要偏斜，要有輕鬆靈活之意，如懸空中，即所謂「頂頭懸」之意，如此則精神振作。練拳用式，面部要自然，眼不要怒睜，眉不要皺縮，

口宜閉不宜張，不要用力咬牙，要用鼻呼吸。總之，頭部主要作用是能提起精神。要提起精神就要做到頭頂百會穴輕輕上提，好像頭頂上方有根繩索懸著，又如頭上頂著一碗水那樣不能搖擺。使頭頂百會穴與襠部會陰穴保持垂直姿勢，上下成一條線。頂勁不可太過，也不可不及，要虛虛領起，若有若無，不可往上硬頂。同時，兩眼要平視前方。這樣，也就做到「尾閭中正神貫頂，滿身輕利頂頭懸」的要求了。陳鑫說：「周身精神全繫於頂，故頂勁起來，是在似有似無之間。」這樣就可免去太極拳板滯之病，而帶來一片靈動和生機。

《太極拳經歌訣》有「順項貫頂兩膀鬆」句，說明在虛領頂勁的時候還必須注意順項，頸項端正豎起，且鬆豎，就不犯強硬，這樣左右轉動時方能靈活。頸項能否鬆豎同虛領頂勁能否適當領起極有關係。

頂勁領得太過，頸項會連帶地強硬起來，反失靈機；頂勁領不起來，頸項也會連帶地軟塌下去，精神不及提起，則垂頭喪氣。要順項安舒，全部頸肌都要放鬆，端正地向上舒展和支撐頭顱，方能神通於背。

（二）肩　部

鬆肩，即肩部的肌肉放鬆舒展，使肩關節鬆開。兩肩要平齊，不可一高一低或向上端聳，也不可用力前含或後展，保持自然，使兩臂伸縮、升降、纏繞鬆柔圓活地像風吹楊柳一般，自然活潑地無絲毫滯機。

肩宜鬆沉，使內勁內氣宜於極輕靈中富有彈性，剛柔內含。肩鬆還有助於「含胸拔背」的形成和內氣（勁）順

暢地通過。肩若不能鬆垂，兩肩聳起，則氣血亦隨之而上，全身皆不得力，所以肩鬆垂，則會臂鬆勁活。

（三）肘　部

肘是上肢三節的中節，內力通過肩部、肘部才能達到手上。中節無勁，兩手自然空浮。所以肘須有下垂勁，使之不浮不揚。肘垂則兩膊自圓，能固兩肋，這樣才能符合勁以曲蓄而有餘的技擊原理。

只有沉肩垂肘，才能加強「塌腕」發人和保護肋部的作用，但不要緊貼於肋部，要做到「肘不貼肋」「肘不離肋」，腋下虛起10公分保持適度懸空，使手臂活動自如，便於保護兩肋、兩腰等要害部位。

沉肩垂肘與含胸拔背和氣沉丹田有很大關係。若肘揚肩則易端，肩端則氣易浮，氣浮則直接影響氣沉丹田和含胸拔背，亦即影響「氣貼背」。所以，沉肩垂肘是練太極拳的重要法則。無論動作做得多快，發多大的勁，都必須做到沉肩垂肘。

小快式出手發勁在中距離，肘關節幾乎都是屈著。身無過（不偏、不倚、不俯、不仰），手無過（沉肩垂肘，出手到中距離），勁無過（極具冷彈性，出手勁去自回，是內氣發內勁，非肢體拙力），勁由脊發，出手曲線圓活，最終貫於手指，放人致遠。

（四）腕　部

腕關節是上肢最為靈活的部位，是領指坐腕、纏繞旋轉的關鍵部位。在手臂的收放伸縮、纏繞升降的過程中，

腕關節既不要軟懈，也不要強硬，而是要柔活有韌性，否則就會出現內勁的斷續或丟失的毛病。

在遇到下塌或向前推按的動作時，腕部要「坐腕」，並隨著身體鬆沉（鬆腰、疊胯、屈膝、沉氣），鬆肩、沉肘、領指，使內氣（勁）順暢通過手臂，徐徐貫注到手指，內勁（氣）圓滿，無凸凹斷續之處。

（五）手　部

手法的變化最多，最為靈巧。發梢節力皆通過手來完成。

太極拳的手型以掌為主，間有拳、勾、指手型的使用。掌法應用時，手指要自然鬆舒，出掌綿柔，蓄而不張，行至終點，展指坐腕，掌心貫勁前凸，意勁貫注指端。收掌時，復歸含蓄，意勁自內裏收回。手指的應用如白蛇吐信、叉子手、海底針、通天掌等動作，都是以指尖穿插的技擊動作，名稱可能叫什麼掌，實際是用手指。

用拳時，仍然要虛握，無論用拳面、拳背或拳輪，都要用意氣使內勁貫注到所應用的部位。拳虛握而不軟散，內含螺旋內勁。

勾手又稱吊手，應用於截、拿、抓、閉四種手法，即截其氣、拿其脈、抓其筋、閉其穴道。還有以腕骨提擊之法，例如小快式中的左右單鞭勢、抄水勢、白鶴亮翅等動作，都有以腕骨提擊為主的動作。

（六）胸　部

太極拳中胸在前為陽為實，實宜虛之，故「束前肋」

使胸含而吞，而致虛胸虛心。胸部要虛含，勿挺凸或縮進。含胸就是胸部要自然寬舒，利於呼吸自然、橫膈肌的放鬆和氣沉丹田，做到上虛下實，即「虛其心、實其腹」，含胸致胸舒，使勁力利於在胸中運化，任脈鬆開，內氣順暢下行沉入丹田。

（七）背　部

太極拳中背在後為陰為虛，虛則實之，故「束後肋」使背拔而吐，而致動牽往來氣貼背，斂入脊骨，勁貫脊中，力由脊發。

含胸與拔背是不能分割的，都是太極拳身法的大要。拔背是以意識解除肩背肌肉的緊張，使脊柱端正，保持身體的中正和精神的領起，使督脈之氣貼脊背而上行，做到提督（脈）鬆任（脈），周天暢通。

含胸拔背在技擊中能蓄發相變，含胸利於化勁，拔背利於捲勁和放勁，兩者同等重要，缺一不可。

（八）腰　部

太極拳周身皆太極，而樞紐在腰，腰為第一主宰，腰活則全盤皆活。楊家老譜《身形腰頂》曰：「身形腰頂豈可無，缺一何必費工夫。腰頂窮研生不已，身形順我自伸舒。捨此真理終何極，十年數載亦糊塗。」此歌訣把身法之要畫了三大類別，其中就有腰為第一主宰，要鬆腰，以腰為分界線，上下對拉，即腰椎間的拔長。

可見太極拳對腰部的重視，拳經拳論中也反覆強調「主宰於腰」「活潑於腰」「腰為軸」「命意源頭在腰

隙」「立身須中正安舒支撐八面」等，腰的作用十分重要。練習時要求腰部要鬆、活、沉、旋轉、豎直。

腰鬆，身體就能中正安舒，不偏不倚，達到周身一家的目的。腰活，八面轉換，旋轉輕靈活暢。腰沉，使內氣沉入丹田，濁氣下降，上體虛鬆，下肢穩固厚重，中正安舒支撐八面。人身俱備五弓，四肢各為一弓，腰為帶動四肢的最主要的一弓。腰如弓形，即收尾骨、斂臀，腰椎第十四節即命門穴向後撐，胸部含收，腰呈弓形，脊背依然正直，頭頂依然平正，頭頂百會穴與襠部會陰穴，上下保持成一條垂直線。內勁起於足趾、足跟，發於腿，通於脊背，形於手指。由足而腿而腰，總須完整一氣。因此說「力由脊發」。

發手時鬆腰、疊胯、屈膝、鬆肩、沉肘、領指、坐腕，使每一個動作富有彈性。內氣產生於兩腎，儲存於丹田，旋轉時內氣循腰間帶脈而行，潛轉成內勁，透過腰軸旋轉的離心作用而貫於四梢。拳論中的「命意源頭在腰隙」，「腰隙」即指的是兩腎。兩腎在帶脈上，經常鍛鍊腰部，能使兩腎強壯，腎壯則精足，精足則氣充，氣充則神全，因此要「刻刻留意在腰間」。

（九）腹　部

腹要鬆淨，勿令滯堅。腹部放鬆，膈肌自然放鬆下沉，濁氣下降，不生拙力，有助於氣沉丹田，內氣活暢，氣暢則內勁出，開合鼓蕩，呼吸自然相隨，動作無不輕靈。即「腹內鬆淨氣騰然」「腹鬆氣斂，神舒體靜」「能呼吸，然後能靈活」。腹要鬆實，氣沉丹田，實而不滯不堅，使內氣足且活暢。

（十）臀　部

臀宜斂，斂即收。收臀的意義有三：一是利於氣沉丹田；二是利於吊襠（虛提會陰穴，形成二陰提吊）；三能使尾閭中正。若向外凸臀，必有彎腰低頭之病，二陰無提吊之意，尾閭中正受到影響。

此外，腰椎若不能呈弓形，使發力失去平衡且無彈性，而不能形成節節貫穿、一氣呵成的整勁。

（十一）襠　部

襠要圓，會陰穴虛提起，腰鬆沉，臀內斂，襠勁自足。襠勁下足，樁步穩固，腰襠鬆活，動作靈活而不呆滯。發勁時襠勁要下足，重心下沉而勁往前發，內勁才能沉著透達。

（十二）胯　部

胯關節要鬆開，使腰腿的動作更為靈活協調。胯鬆則氣能沉下，鬆胯屈膝襠自圓。胯是上體與下肢轉關換勁的樞紐，是左右陰陽轉換的重要環節。

各種步法的運用輕靈穩健，關鍵是在胯部的折疊和虛實轉換。在技擊作用中還可用胯擊，近身乘勢以胯發彈勁。

（十三）膝　部

膝關節屬下肢三節中的中節，至關重要。膝以屈伸為要，是支撐身體、運動步法、起伏升降、上下相隨、相對相合，動作發出彈勁的關鍵部位，也是下肢圓轉靈活的關

鍵部位。膝節無力，下肢則不穩固。

小快式屈膝半蹲的運動形式，使動作運行輕靈活快、發力富有彈性的獨特風格。在技擊應用中，有「足來提膝」以腿破腿之法和「近便加膝」的膝技法。

（十四）足　部

足為步型、步法的根基。步型是下肢固定的姿勢，步法是下肢變化的動作。下肢變化的輕靈活暢，重在兩足虛實變化。小快式步法的靈變著重體現了這一點，為體現「邁步如貓行」那樣輕穩敏捷，小快式的步法要求，進退轉換虛實分明，左虛則右實，左實則右虛；前進後退時，身腰隨步轉換，邁步要輕靈，不可重滯，落步要穩健，不可搖擺、雀躍或笨重。步法和手法一樣須走弧線、畫圓圈，不能直來直往、直上直下，手腳的動作須協調一致，做到「上下相隨」。

腳在技擊中應用很廣，有分、蹬、套、踩、鉤、踏、點等攻防動作。勁起於腳跟，在發放人時，由腳而腿，而腰，而手，全身整體之勁，集中一點發出，所以拳論說「其根在腳」，步法的穩健、落地生根，其關鍵在於鬆腰落胯、沉肩垂肘、氣沉丹田，使下肢沉穩。步法的輕靈，又在於胯的鬆活，臀部的內收，膝關節的屈靈與內氣的虛實轉換，以及鼓蕩呼吸的密切配合、內外合一。穩健、輕靈、虛實、敏捷是體現小快式演練的主要特點。

（十五）全身中正安舒

人體上下、左右、前後、內外、八極之定位，練拳全

以「中」為體用，為首要。中為變化之樞紐根底，太極是中乃謂中軸，此中軸有性無形。太極為一氣者，乃中之氣，故有「中正」「不偏不倚」「無過不及」之說，故用必分兩儀而運行，兩儀者，即陰陽、動靜、剛柔、虛實。人身丹田其位在太極軸上，下通會陰、上通百會，橫運帶脈，外放內收，旋轉變化之根基，即在於中之用。

太極拳的起點，自腹內丹田中和之氣，即為太極。其身法一動一靜之勢，即為兩儀，兩儀起自於太極軸上的丹田，即圍繞著這條中心軸來運動。小快式拳架運行將全身安排得當，頭頂懸，含胸拔背，氣沉丹田，上虛下實，收臀吊襠，尾閭中正（兩股有力，臀部前收，脊骨根向前托起丹田），由頭頂百會穴下垂直線，過丹田，至會陰穴，使這條上下貫穿的垂直線不偏不倚，使身體端莊中正，體鬆含虛，順舒安適，動而有韻，靜而有勢。

拳論曰：「身必以端正為本，以周身自然為妙。」太極拳講究立身中正安舒，中正者，不偏不倚，無過不及，神自然得中之謂也；安舒者，百骸自然舒適，不緊張用力者是也。小快式以立身中正為身法第一要素，拳架運行以保持自己的平衡為依據，立身中正不偏方能支撐八面，方不懼他人推到。

太極拳是陰陽對立的統一體，某一部位的正確與否，必然會影響到其他部位的正確與否。所以，以上小快式的體勢要求是整體的，不能分割，不能顧此失彼，它們之間是互相聯繫，互相轉化的，因此要全面的提高。

楊式內傳太極拳
小快式步型步法

　　所謂步型是指兩腿兩腳在靜止狀態時站法的固定型態；所謂步法是指兩腿兩腳在運動中變化的方法。步型為定式，叫作「站式」；步法為動之變化，稱謂「走」。所以武者稱，「一站一走」便知功夫深淺。楊式內傳太極拳小快式自起勢到收勢總是滔滔不絕，連綿不斷，一氣呵成，其中表現步型的較少，突出的是步法的變化與應用。故以下重點介紹常用的步法，對步型僅介紹幾例。

（一）步　型

1. 小馬步

　　兩腳左右平行開立，與肩同寬，屈膝下蹲，含胸收臀，立身中正。

2. 虛　步

　　①一腿向前斜伸、屈膝，腳跟提起，前腳掌著地，身

體重心在後腿,屈膝半蹲,後腳尖外展45°,與前腳跟成一條直線,身正收臀。

②後腳跟著地,前腳尖翹起,重心仍在後腿,其他動作相同。

3. 併　步

兩腳併齊,兩腿屈膝半蹲,身體重心在兩腳上,勢可高可低。

4. 坐　步

後腿腳尖外展45°,屈膝下蹲,前腿向前斜伸,腿膝微屈,腳尖向內微扣,前腳與後腳跟成一條直線,身體重心前後成三七開,即前重三、後重七,重心坐在後腿七成。此勢要求收臀,身體中正,無前俯後仰、左右偏倚之弊。

5. 丁虛步

後腿腳尖外展45°,屈膝下蹲,前腿腳掌著地、後腳跟提起,屈膝,前腳置於後腳前內側約30公分。此步型多在向後撤步,又隨之將前腳引回時使用,其中含有隨時向前邁出的趨勢,即有騰挪之勢。

（二）步　法

1. 上　步

前腳向前上步落地後,後腳隨即再向前上一步,使原來的前腳變成後腳。此步法無定型。

2. 跟半步

前腳向前上步，後腳隨之向前跟半步，此步法多是從坐步開始，後腳蹬力，起前腳向前上步，後腳隨之跟半步，仍然成坐步型，身體保持中正。

3. 進　步

前腳向前進步，後腳隨之跟至前腳內側，後腳似落非落，內含騰挪之勢。特別強調的是無論進、退、開、併等步法，兩腳的移動要與地面保持平行，不可翹腳尖，也不可高提腳跟，移動時距地面約10公分以內為宜。以下的退步、橫開步、搬步、倒插步等不再贅述。

4. 退　步

原跟進的後腳似落非落，隨前動作變化的需要又向後退回，而原前進的前腳隨之退回至後腳內側，似落非落，內含騰挪之勢。這一進一退，意、氣、勁一收一放，形成了抽添往復運行。吸、引、拿、放隨心所欲。

小快式拳中隨進、隨退、橫開、三角、蛇行步法是基本步法，要熟練掌握。

5. 左右橫開步

右腳向右側平行橫開一步，左腳隨之平行向右於右腳內側似落非落，也可以落下，但為虛提。反之，左腳向左側平行橫開一步，右腳隨之向左於左腳內側似落非落，也可以落下，但為虛提。

6. 三角步

此步法是在橫開和進退步法的基礎上發展而來的。它在小快式拳路中運用較多，是練好小快式的基本功之一。在攻防技擊中閃、轉、騰、挪、進、退、橫開、斜進的連環步中閃讓打中，非常重要，必須熟練地掌握。

其鍛鍊方法：①右腳向右側平行橫開一步，左腳隨至右腳內側，似落非落。②左腳隨即又返回左側一步，右腳平行向左隨至於左腳內側，似落非落。③右腳隨之向右前方邁出一步，左腳平行向右腳內側隨之，似落非落。④左腳隨即退回原地，而右腳平行向左腳隨退於左腳內側，似落非落。⑤右腳隨即復向原來的位置平行橫開一步，而左腳平行向右隨之於右腳內側，似落非落。⑥左腳隨即向左前邁出一步，基本上是落在右腳原來向前邁步的位置，而右腳平行向左腳內側隨之，似落非落。

如此左右反覆開步、上步、退步，復又開步、上步、退步，走出一個「△」形。行走不停，式無定勢，經常練習，定能獲得身靈步活的效果。

7. 蛇行步

蛇行步或S形曲線步，即進退之中非直進或直退，而是要走出弧形斜進或弧形斜退的步法，使上體與步相隨，手腳相合，是一種離中奪中、我總站中之步法。中為定，定即發；退為讓或稱閃，即為化、為引、為吸。退、讓、閃、化中藏拿放之勁，隨時可變，即退定或稱打，也就是說，化即是打，化打合一，皆由心意而定。

其步法要走出「〜〜〜〜〜」蛇形，體現出「以靜制動，以逸待勞，以柔剋剛，曲中求直」的太極環中妙趣。

8. 仆 步

小快式中做仆步不定型，故此處稱「法」。它在運動中伏身下勢，一腿全蹲，同時另一腿擦地伸出，隨即兩腳重心交替，直腿立身，其過程不可停頓，將身悠起，如游龍戲水一般。

9. 倒插步

在轉身變式時，以一腳向另一腳後方插步，身體向下，屈膝坐勢，隨即向插步腿的後方轉身，即用此步法。例如：倒插步撩陰捶、插步下穿梭等式。

053

10. 搬 步

此步法是在後腳向前邁出，腳尖外展斜落於地，身體重心置於兩腿之間，即向前進時後腳上步這一瞬間的過渡步法。這種步法是在閃讓中或轉身時使用，其中暗藏腳法變化之玄機。

11. 扣 步

當前進轉體時，腳落地成腳尖內扣狀，身體自然內轉。當連續走搬、扣步時，就形成了走圓圈，所以這兩種步法常常連接起來使用。

楊式內傳太極拳基本功法

古人云：「練武不練功，乃是無油燈，黑暗盡瞎摸，迷途永不明。」又曰：「練武不練功，內外一身空。」「練武不練功，到老一場空。」

練拳固然重要，而練功更為重要。功有多種，皆有內外之別。唯太極功法，以內導外，緩行漸進；以無生有，以有練無；一動內外無有不動，一靜內外無有不靜，內外渾然一體。最後練成有法之極歸於無法、取法自然通神達化之境界。

練功就要從最基本的功法開始，基本功往往是比較簡單、枯燥的，但簡單之中有玄妙的內涵，所以萬萬不可輕視而拒之。太極功法內容非常豐富，由於篇幅有限，不可能全部介紹，以下主要介紹幾種常用的功法，即「太極揉球功」八法、「腳揉球功」二法等功法內容。

（一）太極揉球功

1.馬步揉球功

①預備勢：身體直立，放鬆沉氣，垂瞼斂神，調勻呼

吸。

②內氣在丹田裏初動偏於左側，虛右腿提右腳向右側橫開一小步，略寬於肩。內氣又回到小腹丹田正中點。兩臂緩慢前平舉，掌心朝下至肩平，同時用鼻孔配合吸氣，雙掌緩慢向下平按至胯高，配合呼氣。兩腿屈膝下蹲，內氣由右向左順時針方向旋轉；左臂屈肘上抬至胸高，掌心朝下，距胸約30公分；右臂屈肘外翻，變掌心朝上，手在腹前，距腹約30公分，兩掌上下相對成抱球狀。

③ 內氣由丹田向左前上方旋動，兩手不動，腰隨內氣向左轉至最大限度時內氣繼續向左後下方再向右前上方旋轉，至小腹內中心點。

同時，左肘下沉，左掌外翻，掌心朝上，右掌上舉內扣，掌心朝下，兩掌上下相對，離身體距離保持不變，此時腰緩慢向右轉正，內氣恰在左側腹內逆時針方向畫了一個斜向立圈，回到丹田內的中心點。

④ 內氣由小腹中心點向右前上方轉再向右後下方旋動，同時兩掌不動，帶動腰緩慢向右旋轉至最大限度時，內氣向左前上方旋轉至小腹中心。

同時，右肘下沉，右掌外翻使掌心朝上，左掌上舉內扣，掌心朝下，兩掌心上下相對，與身體距離保持不變，腰隨內氣旋轉向左轉至正身，此時內氣恰在右側腹內順時針方向畫了一個斜向立圈，左右兩圓球在腹內中心點處相切。如此左右反覆鍛鍊。

⑤收功，若要收功，將球揉至正身，兩掌放鬆自然回到體側，直身，收右腳併步，起眸平視，放鬆自然，收功畢。

【要領】兩手上下翻揉的動作軌跡是畫太極圈，內氣在小腹內同時循太極圈做運動，以內帶外，不可脫節，連貫一致，不可有絲毫停滯，兩球相繞無始無終，起勢在中心，收勢仍要回到中心。此功看似簡單，實做不易，習練時切記以下要領：鬆肩沉肘，含胸拔背，收臀吊襠，氣沉丹田。立身中正，不倚不偏，以意領氣，精神內斂。以內帶外，以身帶手，輕靈柔緩，呼吸自然。氣行8字，虛實運轉，手畫8字，鬆沉活圓。

有歌曰：

> 兩手揉球須緩慢，心靜體鬆神內斂。
>
> 以內帶外運虛實，百日築基功自然。

2. 轉身揉球功

①預備勢：同馬步揉球預備勢。

②起勢同馬步揉球②。

③內氣由小腹丹田中心點向左後下方又轉向左前上方旋轉，不超過身體中心軸，復往右後斜下方旋轉回到丹田中心點，內氣在小腹左側順時針斜向轉一圓圈，腰隨內氣揉畫一圓圈，身體重心移至左腿，提起右腳向右側搬步（即提起復落腳尖外展）。同時，右掌由腹前向右側內扣至肩高，掌心朝下抱於胸前；左掌隨之外翻，掌心朝上向下滾抱至腹前，與右掌上下相對，兩手動作似翻滾揉球。身體重心由左側移至右腿，隨之左腳向右側上步，屈膝半蹲，身體重心隨內氣回到中心軸上。

④內氣由小腹丹田中心點向右後下方又轉向右後上方旋動，不超過身體中心軸，復往左前斜上方旋轉回到丹田

中心點，內氣在小腹右側逆時針方向轉一圓圈，腰隨內氣的運轉揉畫一圓圈，身體重心由中心偏重右側，成右腿實，左腳輕提起向左側搬步（即提起後復落腳尖外展），身體重心左移，向左轉體180°，隨即提起右腳向左側上步，屈膝下蹲。同時，左掌由腹前向左側斜上翻掌內扣，掌心朝下抱於胸前；右掌隨之漸漸外翻，掌心朝上向下滾抱至腹前，與左掌上下相對，兩掌動作似翻滾揉球。

當內氣運行到丹田的中心點時，腰轉到正方，兩手揉球翻滾完畢，抱於胸前。左右兩個動作完成後正好是丹田內氣旋轉了兩個圓圈回到相切於丹田的中心點，呈現出一個太極陰陽魚圖。兩手揉動轉體也同樣畫完一個「8」字形的陰陽太極圖。如此左右互換練習。

【要領】同馬步揉球功。

有歌曰：

　　　轉身揉球虛實變，輕靈柔緩氣騰然。

　　　左右各揉一個球，太極勁法內中含。

3. 站勢揉球

①預備勢：同馬步揉球預備勢。

②起勢：兩臂緩慢平舉，屈肘坐腕，掌心朝外成立掌，兩掌相距約20公分，高與肩平，眼觀兩掌，呼吸自然。

③揉球：內氣由丹田中點起上行右轉，向右下順時針方向在腹內旋轉一立圈，腰隨內氣升起向上放長，又隨內氣旋轉而輕微揉動。同時，兩掌隨氣動和腰旋轉在胸前順時針方向揉一圓，在將要完成一圈時，兩掌由內向前揉

按，不得有明勁，更不得使拙勁。兩臂微微屈伸，而後自然恢復轉化為揉動下一圈中。反覆揉球，彷彿手中揉的球是在牆面上，很沉重，兩手稍輕，球就有落下之虞，兩手稍重，球就會滯而不靈。要做到內感不空，輕重適度，配合呼吸，不可憋氣。

④方向變化：當內氣旋轉自如之後，方可依此法逆時針方向旋轉，腰和手的動作同內氣的旋轉速度要保持一致。內氣變為相反方向旋轉時，是揉了一個小圈，即使是折疊變化，也不可有棱角斷滯現象，一定要保持圓活。

⑤體勢變化：依上述的順時針和逆時針運轉方向的變化，由站勢變漸漸下蹲，然後再漸漸站起，雙手揉球上行與頭同高，如此反覆練習。無論體勢如何變化，內氣旋轉、腰和兩掌的揉動要領與前面相同。

4. 開步揉球

①預備勢：身體直立，放鬆沉氣，垂瞼斂神，調均呼吸。

②內氣由丹田向腰椎後貼並順勢下沉。同時，兩臂緩慢前平舉，掌心向下至肩高，微收臀，用鼻孔配合吸氣。此時內氣正好沉到最下面，兩臂沉肘，兩掌翹按，勁過則球碎，勁輕則球落，又不可使拙力，內勁要恰到好處。

③上動不停，用意識指揮內氣順時針方向旋轉。同時，兩掌揉球隨內氣順時針方向揉轉，當內氣和兩掌運轉至下半弦時，身體重心移到右腳，輕起左腳向左側橫開一步。當內氣和兩掌運轉至上弦時，身體重心逐漸過渡到左腳，轉起右腳與左腳併步。如此反覆開步、併步、揉球。

若逆時針揉動，內外相同，唯方向相反，左右開步相同。

【要領】開步、併步時身體保持平、正、穩，腰部要有與內氣和兩掌運動配合的揉化動作，臀部微收，身軀放鬆，呼吸自然配合。

開步和併步是在一個圓圈內完成的兩個虛實動作。運行時先緩慢，當內外一致自然了，再逐漸加快速度，不可急於求成，否則，易使內氣與外部動作脫節。

5. 平揉球

①預備勢：自然站立，身體放鬆，含胸斂臀，氣沉丹田，呼吸自然。

②馬步平揉球：兩腳開立，與肩同寬，兩掌向前平舉至腹前，掌心朝下，兩腿屈蹲。內氣順時針方向平行旋移，腰隨內氣而動，並帶動兩掌順時針方向揉動。左右方向可互換習練。

③右腳上步，不丁不八，兩膝稍屈。內氣順時針方向平行旋轉。同時，帶動兩掌順時針方向在體左前側平行揉球畫圓兩圈，身體隨兩掌的揉動做前後揉動。

④上動不停，上體右轉，左腳向前上步。內氣繼續順時針方向旋轉。同時，兩掌移至身體右前側繼續順時針方向揉球畫圓兩圈，身體隨兩掌的揉球做前後揉動。如此反覆左右進步或退步的練習。

6. 正反平揉球

①預備勢同平揉球的①②動。

②兩掌在左前側順時針方向揉兩圈時，上體右轉，左

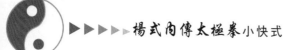

腳隨之向前上步，內氣由腹內中軸線向後逆時針方向旋轉。同時，兩掌逆時針方向揉球兩圈，身體隨兩掌的揉動向前後揉動。然後上體左轉，右腳向前上步，內氣變成順時針方向旋轉，兩掌順時針方向揉動兩圈，身體隨兩掌的揉動前後揉動。如此左右一正一反形成內氣在腹中畫一個倒「∞」字形旋轉，兩掌同時畫「∞」字形。左右正反互換練習。

【要領】兩掌平行揉球要：鬆而不懈、輕而不浮、沉而不拙，腰部鬆柔隨內氣的旋轉做到輕微柔動，左右互換，內外連綿不斷，無僵拙之力。速度均勻，神內斂，開始時注意力在內氣旋動上，意不可過重，當兩掌動作與內氣配合自然之後，將注意力轉移到兩掌上。

有歌曰：

　　　兩掌平揉左右換，內氣旋動帶掌轉。

　　　一反一正畫「∞」字，練腰練氣運掌間。

　　　鬆而不懈輕不浮，活膝活胯活腰旋。

　　　不丁不八隨意走，內外連綿不間斷。

7. 平揉雙球

①預備勢：同「5. 平揉球」。

②右腳向前上步，不丁不八，兩膝稍屈；同時，兩臂屈肘，前臂向前平抬，掌心朝下，指尖朝前，自然舒展，與肋同高，置於體前兩側。內氣自丹田始動向前分成兩股，向兩側平行轉動，經腰後入丹田，再重複循環往復；同時兩掌向外側平行揉圓，與內氣合一，往復揉轉。

【要領】以內導外，內外一致，不可脫節，均勻緩

慢，精神集中。身體自然放鬆，膝、胯、腰自然鬆活配合，勿用拙力，勿要僵滯。兩掌沉而不緊，保持一個高度。此式練順之後，向前上左腳，依上述要領繼續揉動，兩股內氣向外旋轉練順之後，再將內氣和兩掌變為向內旋轉，按上述要領繼續練習。

有歌曰：

　　平揉雙球比較難，內氣分股左右旋。

　　引動雙掌隨氣動，週而復始不間斷。

　　兩肘屈伸手揉圓，身體放鬆要自然。

　　勿拙勿僵勿滯重，斂神專注頭頂懸。

8. 斜圓揉蕩

①預備勢：同「5. 平揉球」。

②兩掌前平舉至胸高，掌心斜朝前，伸指舒腕。同時，右腳向前上步，不丁不八，兩膝自然稍屈。內氣在腹內沿順時針做右前左後的斜立圓，兩掌隨內氣在體左前側沿順時針畫斜立圓，身體隨之前後揉動，腰椎隨內氣做蠕動，幅度不大，外形幾乎不顯。當兩掌隨內氣搖至一圈半時，略加速度向前搖出後半圈，內氣返轉回來，身體順勢向右轉。上左步，內氣換成在左前右後沿逆時針方向旋轉，兩掌隨內氣在身體右前側沿逆時針方向畫斜立圓，身體隨之前後揉動，腰椎隨內氣做蠕動，幅度不大，外形幾乎不顯。

依照上述之法，左右互換練習，內氣在腹中旋轉成兩個緊貼在一起的「8」字形，兩掌也隨著內氣旋動在體前兩側斜圓揉蕩，搖出兩個緊貼在一起的「8」字形，正好

是兩個連在一起的雙魚圖（即太極圖），而腰椎運動成
「S」形。上下相連也成「8」字形運動。

有歌曰：

斜揉圓，一圈半，後半圈，將速變。

蕩去返回換方向，掌隨內氣走八方。

腰柔動，成曲線，全身動，要自然。

內外揉成雙8字，雙魚圖形緊相連。

9. 腳平揉球

①預備勢：同「5.平揉球」。

②抬起右腳，距地面半尺高，猶如踩在一個球上，左
膝屈蹲，身正平穩，兩臂自然垂於體側。右腳沿順時針方
向揉動踩在腳下的「球」，勁力均勻，不重不輕恰到好
處，斂神意注平揉腳下球。左右腳互換練習，順時針逆時
針方向反覆變化。

有歌曰：

一腿獨立一腳抬，抬高半尺將球踩。

不重不輕揉球轉，屈膝圍身鬆下來。

立身中正不倚偏，左右兩腳互相換。

斂神意注揉腳球，順逆方向皆可變。

10. 手腳同揉

①預備勢：同「5.平揉球」。

②抬起右腳，距地面半尺許，猶如踩在一個球上，左
膝屈蹲，身正平穩；同時，兩臂屈肘，兩掌平舉在胸前，
掌心朝下，手指朝前，自然舒展，與肋同高。內氣自丹田

始動，沿順時針方向旋轉，引動雙手和右腳同時沿順時針方向揉畫平圓，週而復始不停不斷。沿逆時針揉動時，唯方向相反，其他要求不變。左右兩腳互換練習，也可變為手腳不同時、不同方向和同時、不同向的揉動練習。

【要領】以內導外，內外一致，不可脫節，均勻緩慢，斂神專一，身體中正放鬆，踝、膝、胯、腰自然鬆活配合，手腳高度保持不變，勿拙勿僵。手腳同揉是在腳平揉和手平揉雙球基礎上進行的。

有歌曰：

> 一腳抬起一腳站，心氣清和神內斂。
> 內氣引動手和腳，不重不輕勻慢轉。
> 手腳同揉身自然，勿拙勿滯勁連綿。
> 順逆左右隨人意，內外一致意識專。

（二）步法練習

說起來誰都會走路，前進、後退、橫開、曲線、繞圈，誰都會，很簡單，而練功的走法就不那麼簡單了。練太極拳要求「上下相隨」「邁步如貓行」，做到輕、靈、快、捷、穩，不經過專門鍛鍊是不可能完成的。

我們將自身喻為「汽車」，兩腳喻為「車輪」，兩手喻為「刀槍」。誰來駕駛這輛車呢？那就是用神意來駕馭。駕車如何走路呀？這就是「交通法規」的問題。按照交通法規正確行駛，無不順暢快捷的。因此，車輛上路之前務必先學好交通法規，上路才能安全。

所以拳家講：「練拳須先練步。」在這裏我們強調的是「步法是功夫」，練成輕靈、快捷、穩健和快而有序、

忙而不亂的步法，非簡而易，實簡而難。

在楊式內傳太極拳小快式中步法的訓練是非常重要的。基本步法功夫沒練好，就會影響小快式的訓練，更談不上應用了。所以，對以下介紹的幾種主要步法須下苦功，練得精熟才是。

1. 進退步法

①預備勢：自然站立，身正體鬆，斂臀含胸，屈膝半蹲。

②起右腳向前上步，左腳隨之向前跟進至右腳內側，似落非落，成右實左虛的單輕步，內含騰挪之勢。隨即左腳又退回原處落地踏實，右腳隨之向後抽回至左腳內側，似落非落，成左實右虛的單輕步，內含騰挪之勢。進退、左右往復練習。

【要領】進、退二法，進為陽，為火，退為陰，為水，一陰一陽，一水一火，陰陽互補，水火既濟。進攻退化，一抽一添，似浪蕩舟，快中有閑。進退皆是虛實變化，練一輩子拳，進退步法是基礎。特別是在小快式拳中，自始至終幾乎都運用這一步法，非常重要。要求做到放鬆、中正、團身軀，以胯帶腿、整進退，起腳平抬，距地面約10公分，進退如一，不跳躍。

有歌曰：

　　兩腿半蹲身軀團，前腳邁進後腳跟。

　　跟進未實退回實，前腳隨之也抽還。

　　抽回前腳未實踏，再進前腳後腳跟。

　　隨進隨退反覆練，身正體鬆步靈便。

不竄不跳步平移，好似波浪在蕩船。
進退步法很簡單，進攻退化一抽添。
法簡功難少人練，用時方知功夫淺。
存心倍練步輕靈，水火既濟無難關。

2. 橫開步法

①自然站立，兩腿屈膝半蹲，身體中正，自然放鬆，斂臀含胸。

②右腳向右平行橫開一步，左腳平行向右跟隨於右腳內側，似落非落，也可落地，但不能踏實，要虛提著。如果上肢與之配合，則右手在胸前向左側攔推。

③上動不停，左腳隨即又向左橫開一步，右腳平行向左跟隨於左腳內側，似落非落，也可落地，但不能踏實，要虛提著，同時左手在胸前向右側攔推，右手自然回到體側。左右反覆練習。

【要領】抬腳高度約10公分，落步輕，移步靈，不竄不跳，一虛一實，身體保持中正，內氣騰然，不可沉實，不用拙力。

有歌曰：

橫開步法讓中線，雙腳平移身軀閃。
手往裏去身往外，手腳動向須相反。
屈膝半蹲身中正，含胸斂臀氣騰然。
上下相隨變虛實，閃中出手先機占。

3. 三角步法

三角步法是在進退步法和橫開步法基礎上發展而來

065

的,是拳中最基本的步法之一。

①預備勢:自然站立,兩腿屈膝半蹲,身體中正,斂臀含胸,自然放鬆。

②起右腳向右平行橫開一步,左腳平行向右跟隨於右腳內側,似落非落,也可落地,但不能踏實,要虛提著。

③上動不停,左腳向左側橫開一步,右腳平行向左跟隨於左腳內側,似落非落,或落地虛提。

④上動上停,右腳再次向右側橫開一步,左腳平行向右經右腳內側未落,繼續向前中央進步,落地為實腳,右腳隨之向前跟隨於左腳內側,似落非落,或落地虛提。

⑤上動不停,右腳向後原地退回落地為實腳,左腳隨即向後抽回於右腳內側未落,繼續向左側橫開一步,落地為實;右腳平行向左腳內側隨之未落,繼續向前中央進步,落地為實腳。左腳向前跟至右腳內側,似落非落,隨即再次退回原地,右腳抽回至左腳內側未落,繼續向右側平行橫開一步。如上述之法反覆練習,橫開、進退連續不停,兩腳行走的路線成一個等邊三角形。

有歌曰:

　　三角步法先橫閃,隨進奪中退步還。

　　雙腳平移不跳躍,橫開進退步法連。

　　腹中內氣自騰然,似浪蕩舟不倚偏。

　　虛實變化單輕靈,順化圓活步穩健。

4.蛇行步法

①預備勢:自然站立,兩腿屈膝半蹲,含胸斂臀,身體中正放鬆,呼吸自然,內氣沉入丹田。

②內氣由丹田始向左偏動，身體重心悠向左側；右側輕靈，乘勢抬右腳向左腳內側隨動未落地，身體向左側鬆柔。

③上動不停，內氣由左側向右斜上方揉轉，身體重心悠向右側；左側輕靈，乘勢抬著的右腳向右前方上步，隨之左腳抬起向右腳內側隨動未落地，身體向右側鬆柔。

④上動不停，內氣由右斜上方向左斜上方揉動，身體重心悠向左側；右側輕靈，乘勢抬著的左腳向前方上步，隨之右腳抬起向左腳內側隨動未落地，身體向左側鬆柔。左右連續上步，動作要領相同。

【要領】斜進步成單輕步，腰柔身隨成「S」形運動；內氣在腹中也做「S」形運動，兩腳走成的路線也是「S」形相連，即形成了蛇行步。走蛇行步，身體脊柱必須隨著做「S」形運動，柔中含著剛勁，走起來類似於弧形滑冰步，忽快忽慢，忽隱忽現，無論前進或後退，運動方法都一樣，唯相反方向。

有歌曰：

蛇行步法走弧線，進退如一身柔軟。
以胯帶腿腰須柔，腹中內氣要騰然。
單輕步靈虛實變，閃化即進一氣連。
神意領動全身整，動中出手步佔先。

（三）纏手功

纏手功是在揉球功基礎上發展的連環應用的功法，它不僅是一個重要的應用招式，而且是一個很好的鍛鍊出纏勁的功法。

練習時不可用拙力，身體不可僵滯，勁力由內傳導到腰，由腰傳導到臂，然後傳導到手指。柔時蓄，落點剛。剛柔相濟，忽隱忽現，時緩時疾。無論動作做得大小，凡是發放纏手時皆應以鼻呼氣予以配合，萬不可憋氣努勁，最好的纏勁是在鬆活中產生的。

1.雙纏法

①預備勢：自然站立，身體中正，含胸斂臀，放鬆沉氣。

②前出右腳，不丁不八，屈膝微蹲坐，丹田內氣向左上斜向沿逆時針旋轉，內氣引動右手前伸，由外向內沿逆時針方向畫圈。

當內氣轉到小腹正中時，又經過丹田由左後下方沿順時針方向向左前方旋轉，同時內氣引動左手前伸，由外向內沿順時針方向畫圈。內氣在腹中畫一個太極圈，兩手在胸前左右畫圈的同時腰配合做「S」形曲線。

【要領】內外要成為一體，動作時快時緩，兩手畫圈時大時小，大圈套小圈，小圈又突然變成大圈，由大到小，由距離身體近到遠離身體，反反覆覆，越做越疾，不停變速。呼吸自然配合，左右步可互換練習。可練習平圈、斜立圈、橫立圈、豎立圈……

有歌曰：

　　兩掌前伸向內纏，左一右二內氣旋。

　　呼吸自然不憋氣，三四五六緊相連。

　　似鬆非鬆勁不斷，纏化纏打圈中變。

　　輕靈疾變腰活力，纏去纏回忽隱現。

2. 行進纏法

是在向前行走時邊走邊纏，邊化邊進，不停不斷。相反，往回退行時也是纏手不斷不停；左右橫開步、進退步、蛇行步、轉身走圓等，進退時都是不停不斷地纏化纏打。纏化也好，纏打也好，腳在走動中手就要完成攻防招式，根本沒有定勢出手，手和腳之間各司其職，配合默契，完全打破原有的運動規律。但無論手腳多快，都要做到忙而不亂，勁力不停不斷，忽隱忽現，由慢至快，快中有快，突然彈抖，用過即無，出勁俐索，斷勁乾淨，絲毫無一點滴拙力。

有歌曰：

腳走蛇行手畫圈，從腳至手圈相連。

由大到小加速度，由近到遠向前纏。

螺旋纏法無停滯，起腳落步即纏完。

千萬不用僵拙力，以內帶外聽自然。

（四）揉身功

揉身功是內傳楊式太極拳的一個重要功法。習練揉身術使人自腳趾至手指，節節柔活，節節鬆開，在圓活鬆柔中發出冷彈疾脆的勁力來，即所謂「柔行氣，剛落點」，體柔梢自剛。而在體內，腹中之內氣運動自如，以神意指揮內氣做任何想做出的運動形式，以引導肢體隨之運動，產生柔中之剛，如綿裏裹針的堅剛效應。要持之以恆，反覆鍛鍊，細心體悟，才能在身上產生功夫。

①預備勢：自然站立，身正體鬆，氣沉丹田，呼吸自

然。

②內氣自丹田沿逆時針方向朝左旋轉，同時左腳向前出半步，腳尖外展成搬步，右腳跟隨至左腳內側成虛丁步；腰向左轉，右手由腿邊起屈肘立前臂外旋，使掌心朝臉，隨腰轉向左側掩肘；同時，兩腿屈膝下蹲，合腰團身，右肘尖貼在右膝之上，左手自然收於左肋際；臉朝右側，眼平視前方。

③上動不停，內氣正好轉動一圈未停並繼續沿逆時針方向旋轉；同時兩腿蹬力起身，右臂收肘內旋轉腕，使手背朝內沿逆時針方向朝正前方畫圓貫打；內氣在腹中變為沿順時針方向旋轉，右手隨著內氣的改變沿順時針方向朝右畫圓；同時左腳向後撤步，右腳隨之向後拉步；右手向下向左側後方将。整個動作左手在右肘內側配合右手做相同的動作。當下将至左側時腰向左微轉，身向後撤，臀向下坐，內氣下沉，将勁同時發出。此時兩手心朝下，眼隨手視，最後轉視前方。

④上動不停，起右腳前落，腳尖外展成搬步，左腳跟隨至右腳內側成虛丁步；內氣在腹內沿順時針方向轉動，腰向右轉，左手由腿起屈肘立前臂外旋，使掌心朝臉，隨腰轉向右側掩肘；同時，兩腿屈膝下蹲，合腰團身，左肘尖貼在左膝之上，右手自然收於右肋際；臉朝左側，眼平視前方。

⑤上動不停，內氣正好轉動一圈未停，繼續沿順時針方向旋轉；同時兩腿蹬力起身，左臂收肘內旋轉腕，使手背朝內沿順時針方向朝正前方畫圓貫打；內氣腹中變為沿逆時針方向轉動，左手隨著內氣運轉方向的改變沿逆時針

方向朝左畫圓；同時右腳向後撤步，左腳隨之向後拉步；左手向下向右側後方捋。

整個動作右手均在左肘內側配合左手做相同的動作。當下捋至右側時，腰向右微轉，身向後撤，臀向下坐，內氣下沉，捋勁同時發出。此時兩手心朝下，眼隨手視，最後轉視前方。

【要領】左右交替練習，以神意指揮內氣，以內氣帶動外形運動，勿用僵拙力，每動皆是圓活鬆柔，兩手左右畫「8」字形，內氣在腹中反覆畫「8」字形，腰椎反覆做「S」形曲線運動，如蛇龍之腰柔軟且有內勁，練到柔順剛勁之後也可多畫圈練發勁。

有歌曰：

屈蹲單臂側身掩，起身旋臂手畫圈。

兩圈相連呈8字，回手下捋勁不斷。

腰似蛇行頭神領，臂似楊柳剛內含。

進退左右刻苦練，太極揉身功夫難。

楊式內傳太極拳
小快式拳譜名稱

第 一 式　預備勢　　　　　　第 十九 式　手揮琵琶

第 二 式　起　勢　　　　　　第 二十 式　左顧右盼中定

第 三 式　揉太極球　　　　　第二十一式　左摟膝拗步

第 四 式　攬雀尾　　　　　　第二十二式　左叉子掌

第 五 式　左右托掌　　　　　第二十三式　右叉子掌

第 六 式　單　鞭　　　　　　第二十四式　托掌下勢搬攔捶

第 七 式　提手上勢　　　　　第二十五式　如封似閉

第 八 式　左顧右盼中定　　　第二十六式　剪子手右纏掌

第 九 式　海底撈月　　　　　第二十七式　右車輪擠

第 十 式　鳳凰單展翅　　　　第二十八式　進步按

第 十一 式　鳳凰雙展翅　　　第二十九式　剪子手左纏掌

第 十二 式　老虎淨面　　　　第 三十 式　左車輪擠

第 十三 式　左摟膝拗步　　　第三十一式　進步按

第 十四 式　手揮琵琶　　　　第三十二式　十字手

第 十五 式　左顧右盼中定　　第三十三式　抱虎歸山

第 十六 式　左摟膝拗步　　　第三十四式　斜攬雀尾

第 十七 式　左托掌右摟膝拗步　第三十五式　左右托掌

第 十八 式　右托掌左摟膝拗步　第三十六式　肘底看捶

第三十七式　進步捶　　　　第六十五式　蛇身下勢

第三十八式　連珠掌　　　　第六十六式　右穿掌

第三十九式　左倒攆猴　　　第六十七式　右高探馬

第 四 十 式　連珠掌　　　　第六十八式　左如封似閉

第四十一式　右倒攆猴　　　第六十九式　左右橫圈手

第四十二式　連珠掌　　　　第 七 十 式　右左劈掌

第四十三式　左倒攆猴　　　第七十一式　上掤下圈

第四十四式　斜飛勢　　　　第七十二式　右分腳

第四十五式　提手上勢　　　第七十三式　高探馬

第四十六式　左顧右盼中定　第七十四式　右如封似閉

第四十七式　燕子抄水　　　第七十五式　左右橫圈手

第四十八式　白鶴亮翅　　　第七十六式　左右劈掌

第四十九式　陰陽連珠掌　　第七十七式　上掤下圈

第 五 十 式　海底針　　　　第七十八式　左分腳

第五十一式　扇通背　　　　第七十九式　掛樹蹬腳

第五十二式　回身撩陰捶　　第 八 十 式　睡羅漢

第五十三式　翻身撇身捶　　第八十一式　轉身左蹬腳

第五十四式　進步搬攔捶　　第八十二式　左摟膝拗步

第五十五式　上步攬雀尾　　第八十三式　左托挎右摟膝拗步

第五十六式　左右托挎　　　第八十四式　右托挎進步栽捶

第五十七式　單　鞭　　　　第八十五式　倒步撩陰捶

第五十八式　左雲手㈠　　　第八十六式　退步扇通背

第五十九式　左雲手㈡　　　第八十七式　白蛇吐信

第 六 十 式　左雲手㈢　　　第八十八式　左右搬攔捶

第六十一式　單　鞭　　　　第八十九式　上掤下圈

第六十二式　回身右單鞭　　第 九 十 式　右蹬腳

第六十三式　右托挎　　　　第九十一式　二起腳

第六十四式　翻身左托挎　　第九十二式　左打虎勢

第九十三式	左掤扇通背	第一二一式	左野馬分鬃
第九十四式	白蛇吐信	第一二二式	右穿天掌
第九十五式	捋捌右打虎勢	第一二三式	右野馬分鬃
第九十六式	右掤扇通背	第一二四式	左穿天掌
第九十七式	白蛇吐信	第一二五式	攬雀尾
第九十八式	引海底針	第一二六式	左右托捋
第九十九式	上掤下圈	第一二七式	左單鞭
第一〇〇式	右蹬腳	第一二八式	右單鞭
第一〇一式	雙峰貫耳	第一二九式	右玉女穿梭
第一〇二式	上掤下圈	第一三〇式	下穿梭
第一〇三式	左蹬腳	第一三一式	翻身大捋
第一〇四式	轉身右蹬腳	第一三二式	簸箕掌
第一〇五式	連珠掌	第一三三式	轆轤勢（三個）
第一〇六式	倒步撩陰捶	第一三四式	簸箕掌
第一〇七式	反摟膝	第一三五式	右玉女穿梭
第一〇八式	白蛇吐信	第一三六式	下穿梭
第一〇九式	左右搬攔捶	第一三七式	翻身大捋
第一一〇式	如封似閉	第一三八式	簸箕掌
第一一一式	十字手	第一三九式	轆轤勢（三個）
第一一二式	抱虎歸山	第一四〇式	簸箕掌
第一一三式	斜攬雀尾	第一四一式	左玉女穿梭
第一一四式	左右托捋	第一四二式	下穿梭
第一一五式	斜單鞭	第一四三式	翻身大捋
第一一六式	右斜單鞭	第一四四式	簸箕掌
第一一七式	左野馬分鬃	第一四五式	轆轤勢（三個）
第一一八式	右穿天掌	第一四六式	簸箕掌
第一一九式	右野馬分鬃	第一四七式	左玉女穿梭
第一二〇式	左穿天掌	第一四八式	下穿梭

第一四九式　翻身大捋　　　　第一七七式　左顧右盼中定
第一五〇式　簸箕掌　　　　　　第一七八式　海底撈月
第一五一式　轆轤勢（三個）　　第一七九式　白鶴亮翅
第一五二式　簸箕掌　　　　　　第一八〇式　陰陽連珠掌
第一五三式　攬雀尾　　　　　　第一八一式　海底針
第一五四式　左右托捋　　　　　第一八二式　扇通背
第一五五式　單　鞭　　　　　　第一八三式　轉身右白蛇吐信
第一五六式　左右雲手㈠　　　　第一八四式　左穿枝
第一五七式　左右雲手㈡　　　　第一八五式　左白蛇吐信
第一五八式　左右雲手㈢　　　　第一八六式　右穿枝
第一五九式　單　鞭　　　　　　第一八七式　右白蛇吐信
第一六〇式　進步右劈掌　　　　第一八八式　反穿枝
第一六一式　左穿掌蛇身下勢　　第一八九式　左扇通背
第一六二式　左金雞獨立　　　　第一九〇式　白蛇吐信
第一六三式　右穿掌蛇身下勢　　第一九一式　右反穿枝
第一六四式　右金雞獨立　　　　第一九二式　右扇通背
第一六五式　連珠掌　　　　　　第一九三式　白蛇吐信
第一六六式　右採挒左肘靠　　　第一九四式　右單峰貫耳
第一六七式　連珠掌　　　　　　第一九五式　撲面掌
第一六八式　左採挒右肘靠　　　第一九六式　窩心捶
第一六九式　連珠掌　　　　　　第一九七式　搬攔捶
第一七〇式　右採挒左肘靠　　　第一九八式　攬雀尾
第一七一式　連珠掌　　　　　　第一九九式　左右托捋
第一七二式　左採挒　　　　　　第二〇〇式　單　鞭
第一七三式　右反斜飛勢　　　　第二〇一式　遮陰亮肘雲手㈠
第一七四式　左斜飛勢　　　　　第二〇二式　遮陰亮肘雲手㈡
第一七五式　反大車輪掌　　　　第二〇三式　遮陰亮肘雲手㈢
第一七六式　提手上勢　　　　　第二〇四式　單　鞭

第二○五式　高探馬帶穿掌　　第二一八式　轉身白蛇吐信

第二○六式　轉身右擺蓮　　　第二一九式　雙擺蓮

第二○七式　退步左擺蓮　　　第二二○式　左彎弓射虎

第二○八式　十字腿　　　　　第二二一式　右彎弓射虎

第二○九式　落步右摟膝　　　第二二二式　右彎弓射虎

第二一○式　右托捋指襠捶　　第二二三式　左彎弓射虎

第二一一式　上步攬雀尾　　　第二二四式　左反背捶

第二一二式　左右托捋　　　　第二二五式　右托槍勢

第二一三式　單　鞭　　　　　第二二六式　左托槍勢

第二一四式　進步右劈掌　　　第二二七式　左搬攔捶

第二一五式　左穿掌蛇身下勢　第二二八式　如封似閉

第二一六式　上步七星　　　　第二二九式　十字手

第二一七式　退步跨虎　　　　第二三○式　合太極（收勢）

楊式內傳太極拳
小快式套路圖解

第一式　預備勢

　　面向正南，兩腳併立，腳尖朝前，兩腿自然微屈；兩臂下垂於體側，兩掌中指尖對準褲腿側縫，身體自然直立；眼向前平視。（圖1）

　　【要點】虛領頂勁，氣沉丹田，尾閭中正，沉肩墜肘，身體自然放鬆，中正安舒；口微閉，齒輕合，舌尖上捲，輕舔上齶；心靜神明，呼吸自然。

第二式　起　勢

　　兩腿屈膝半蹲，身體重心移至右腿，左腳向前（南）邁出一步，腳跟先落地，隨之腳掌落地；身體重心移至左腿，右腳跟至左腳內側不落不停向右橫開一步，兩腳平行站

圖1

圖2　　　　　　　　　　　　　　圖3

立，腳尖朝前，與肩同寬，兩腿自然微屈；兩臂微屈內旋向前平舉至肩高，與肩同寬，鬆肩墜肘，掌心朝下，掌指自然伸直分開，指尖朝前；身體往下屈膝蹲身，成半蹲勢，兩掌向下按至腹前；眼向前平視，神注兩掌。（圖2、圖3）

【要點】身體中正，沉肩墜肘，含胸拔背，氣沉丹田；兩臂自然彎曲。

第三式　揉太極球

①上動不停，內氣沿逆時針向左旋；同時，右掌向上弧形移至胸前，左臂外旋翻掌弧形移至腹前，兩掌心相對，成抱球狀；眼神顧右掌。（圖4）

②內氣右旋，帶腰右轉；兩掌隨腰右轉45°，隨之身體轉向西南，內氣沿順時針方向旋；左臂內旋翻掌向上弧形移至胸前，右臂外旋翻掌往下弧形移至腹前，兩掌心相對，成抱球狀；眼神先顧左掌，後轉向前平視。（圖5）

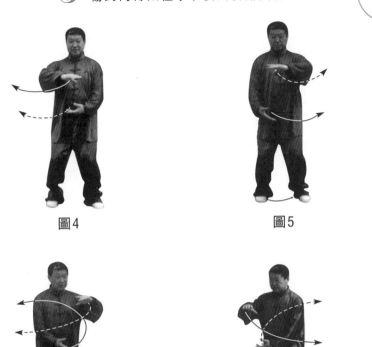

圖4　　　　　　　　　　圖5

圖6　　　　　　　　　　圖7

　　③內氣左旋，帶腰左轉；兩掌隨之向左移動，身體轉向東南，隨之右腳收至左腳內側似落非落，似停非停。內氣右旋，帶腰右轉；右腳向右橫開一步，屈膝半蹲，左腳跟至右腳內側似落非落，似停非停；同時，右臂內旋翻掌向右弧形移至胸前，左臂外旋翻掌弧形移至腹前，兩掌掌心相對，成抱球狀；眼神先顧右掌，後顧左掌。（圖6、圖7）

【註】小快式自起勢到收勢整套拳路，兩腳無論是進步、退步、橫開步或是併步、搬步、插步，都在做虛實不斷轉換的似落非落、似停非停的「單輕步」運動，在以下動作的詳解中不再重複表述。

④內氣左旋，帶腰左轉；左腳向左橫開一步，屈膝半蹲，右腳跟至左腳內側；同時，左臂內旋翻掌向左上弧形移至胸前，右臂外旋翻掌往左下弧形移至腹前，成抱球狀；眼神先顧左掌後顧右掌。（圖8）

⑤內氣右旋，帶腰右轉；右腳向右橫開一步，腳尖朝西南，屈膝半蹲，左腳跟至右腳內側；同時，右臂內旋翻掌向右上弧形移至右胸前，左臂外旋翻掌向下弧形移至腹前，兩掌心相對，成抱球狀；內氣沿順時針方向旋轉；隨之左臂弧形舉至胸前，前臂平行，肘部稍低於腕，掌心斜朝上，指尖朝右；右掌向下、向後沉，掌心斜朝前，指尖斜朝上，兩掌心斜相對，成抱球狀；眼神隨動作而視，後轉向前平視。（圖9）

圖8

圖9

【要點】揉太極球，內氣由慢而快的旋轉，隨之兩掌由慢至快保持圓活，腳步也是由慢到快保持輕靈，一腳收至另一腳內側時都要做到似落非落，似停非停，內外協調一致，快而不亂，慢而不散，連綿不斷，一動無有不動，氣沉丹田，保持身體中正，不可左右搖晃。

第四式　攬雀尾

（1）左　掤

上動不停，內氣左旋，帶腰左轉；左腳向前（正南）邁進一步，屈膝半蹲，右腳跟至左腳內側稍後；同時，右掌隨左掌迅速向前弧形掤出，左腕與肩平，肘部稍低於腕，掌心斜朝上，指尖斜朝右；右掌心斜朝前，指尖斜朝上，成抱球狀；眼神隨視兩掌，後轉向前平視。（圖10）

【要點】兩掌隨內氣旋蕩迅速掤出，鬆肩墜肘，含胸拔背，頭向上領起。

（2）左三環套月

①兩掌向兩側分開，指尖朝上，掌心相對，稍寬於頭，在頭前成抱球狀，向左弧形移至東南；同時，右腳後退一步，屈膝半蹲，左腳收回至右腳內側前，身體隨之轉向正南，兩掌隨體轉正；眼神隨視兩掌。（圖11）

②內氣右旋，帶腰右轉；右掌隨之弧形移至腹前，左掌內轉弧形移至

圖10

081

圖11　　　　　　　　　　圖12

胸前，兩掌心相對，成抱球狀；眼神隨視兩掌。（圖12）

　　內氣返回向左旋一圈，帶腰向左揉轉一圈；隨之左腳向前邁出一步，屈膝半蹲，右腳跟至左腳內側；兩掌抱球前伸隨腰轉正（南），隨即右腳後撤一步，屈膝半蹲，左腳抽回至右腳內側；同時，左掌外旋，臂屈伸展弧形移至左腹前；右掌內轉屈展至右腹前，兩掌心朝裏，指尖朝下，身體轉向正南；眼隨視雙掌，後轉向前平視。（圖13、圖14）

　　【要點】內氣旋轉三圈，腰隨之揉轉三圈，兩掌做上、中、下三圈螺旋纏繞。以內氣運身，周身柔軟靈活，內外協調一致，上下相隨，連綿不斷，保持身體中正，不可前俯後仰、左搖右晃，氣沉丹田。

（3）左　掤

　　①內氣右旋，帶腰右轉；隨之左掌外旋弧形托至胸前，前臂平行，肘部稍低於腕；右肘屈曲弧形移至右肋，掌心斜對準左掌心，指尖斜朝上，成抱球狀；眼神先顧左

圖13

圖14

掌後顧右掌。

② 以下動作同（1）左掤，參見圖10。

【要點】同（1）左掤。

（4）托 挒

① 左臂外旋弧形屈伸，掌心朝上，指尖朝前（南），肘稍下垂；右臂屈伸弧形移至左肘內側，掌心朝下，指尖朝前，成托挒勢；內氣繼續向左加速旋轉，帶腰向左轉一個小圈；同時，兩掌逆時針方向抹一個小圈；眼神注視左掌前方。（圖15）

② 內氣右旋，帶腰右轉；右腳向後撤一步，腳尖朝西南，屈膝半蹲，左腳跟隨至右腳內側虛提；同時，兩掌弧形抽至頭前，屈臂沉肘，成斜立掌抱球

圖15

圖16

圖17

狀；眼神隨左右掌而視，後轉向前平視。（圖16）

【要點】兩掌隨內氣旋轉速度快慢而變化，有引托之意，身體保持中正，沉肩墜肘，頭頂要平。

（5）右　掤

①內氣左旋，帶腰左轉；左腳向南（前）邁出一步，腳尖朝西南，屈膝半蹲，右腳跟至左腳內側虛提；同時，右臂外旋弧形移至腹前，掌心朝上，指尖朝左；左臂內旋弧形移至胸前，掌心朝下，指尖朝前（西），成抱球狀；眼神先顧左掌後顧右掌，後轉向前平視。（圖17）

②以下動作和要點與（3）「左掤」相同，唯動作左右相反，參照圖10。

（6）右三環套月

動作和要點與（2）左三環套月相同，唯動作左右相反，參照圖11～圖14。

圖18　　　　　　　　　　　　　　圖19

（7）右　掤

　　動作和要點與（1）「左掤」相同，唯動作左右相反，參照圖10。

（8）左穿掌右纏捋

　　①內氣左旋，帶腰左轉，右臂外旋屈肘弧形移至身前，掌心斜朝上，指尖朝左；內氣右旋，帶腰右轉，左掌外旋擦著右前臂內側斜向前穿出，左臂屈伸，掌心朝斜上方，指尖朝斜前方；眼神先顧右掌後顧左掌，後轉向前平視。（圖18）

　　②內氣左旋，帶腰左轉；左臂內旋翻掌，掌心朝下，抽回至右胸前；右臂內旋弧形托至右肩前方，右臂稍屈，肘尖、掌心朝外。（圖19）

　　內氣右旋，帶腰右轉；右掌斜向轉一圈變立掌，左掌隨之順時針方向轉一個小圈，成立掌置於右肘內側，成捋

圖20　　　　　　　　　　圖21

勢；眼神隨動作而視。（圖20）

③ 內氣左旋，帶腰左轉；左腳後撤一步，腳尖朝西南，屈膝半蹲；右腳抽回至左腳前虛點，成右虛步；同時，兩掌弧形将向左下方，左掌至左胯前，掌心朝裏，指尖朝下，右掌至腹前，掌心朝下，指尖朝前；眼神隨左右掌而視，後轉向前平視。（圖21）

【要點】左穿掌時，內氣左旋隨右前臂向內滾壓，要有弧形，含胸右膀向內合，圍身內收尾骨，內氣右旋，腰右轉，左掌前穿，頭上領。右纏時，內氣旋轉要快、急、緩，即右掌向右前方托起，內氣旋轉要快，帶動右掌在右前方畫一個小圈，畫圈時內氣旋轉要急，急過馬上緩柔。往下捋時，內氣旋轉要快，快至終點時內氣向左急旋，帶動腰左旋，瞬時出捋挒勁。

整個動作以內氣旋轉帶動全身完成整個動作，內外協調一致，內氣保持不緊不僵，柔和通暢。身體保持中正、放鬆，含胸拔背，沉肩墜肘，氣沉丹田。

圖22　　　　　　　　　　　圖23

（9）車輪擠

①內氣向內先慢後快地旋轉；隨之右掌由慢至快由外向內畫小立圈挑起，上半圈稍緩，下半圈加速，右臂屈肘弧形移至腹前，肘部稍低於腕；同時，左掌隨內氣先慢後快向內畫小立圈，左臂內旋屈肘，掌心輕貼在右腕處；眼神顧左右掌。（圖22）

②內氣向前旋蕩，隨之右腳向前（西）邁出一步，屈膝半蹲，左腳跟至右腳內側；同時，左掌隨右前臂向前迅速擠出，高與胸平，右掌心朝裏，指尖朝左；眼神隨右臂而視，後轉向前平視。（圖23）

【要點】隨內氣完成整套動作，做到內外協調一致，含胸拔背，兩臂撐圓，氣沉丹田，身體中正。

（10）進步按

①內氣右旋，帶腰右轉，身體右轉正西；同時，右臂內旋屈伸，左掌經過右前臂交叉，變掌心朝下，指尖朝

圖24　　　　　　　　圖25

前，兩掌向左右平分在身前，與肩同寬；內氣內旋，隨之左腳後撤一步，屈膝半蹲，右腳收回至左腳前；兩掌弧形收至腹前。（圖24）

②隨內氣向內旋轉，團身內收尾骨，屈膝蹲身；內氣向前旋蕩，右腳向前邁出一步，屈膝半蹲，左腳跟至右腳內側併步虛提；同時，兩掌向前迅速弧形按出，內氣順時針方向旋轉，帶腰同方向轉動；兩掌順時針方向畫一個立圈；內氣向前旋蕩，隨之關節鬆開伸長迅速向前按擊（補氣發放）；眼神隨雙掌而視，後轉向前平視。（圖25）

【要點】兩掌隨內氣迅速按出，隨內氣畫立圈，內氣旋蕩要快，含胸拔背，沉肩墜肘，身體保持中正。

第五式　左右托捋

①上動不停，內氣外旋，兩掌向前伸平；內氣左旋，帶腰左轉，重心移至右腿；左腳往後撤一步，腳尖朝南，屈膝半蹲，右腳跟至左腳內側；兩掌隨轉體至東南；眼神

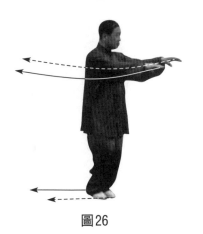

圖26

圖27

隨視兩掌，後轉向前平視。（圖26）

②內氣右旋，帶腰右轉；右腳向右橫開一步，屈膝半蹲；左腳隨至右腳內側；同時，右臂外旋翻掌弧形移至右前方，肘微屈下垂，左掌弧形移至右肘內側，兩掌隨腰沿順時針方向畫一個小圈，成托搽勢，發出托搽勁；眼神隨視左右掌。（圖27）

③內氣左旋，帶腰左轉；左腳向左橫開一步，屈膝半蹲，右腳跟至左腳內側；兩掌向左托搽，屈臂垂肘向左側翻，左掌弧形移至左前方，高與肩平，掌心朝上，指尖朝左，右掌弧形移至左肘內側，掌心朝下，指尖朝左；以腰左轉帶動兩掌沿逆時針方向快轉一個小圈，成托搽勢，瞬間發出托搽勁；眼神隨視左右掌。（圖28）

圖28

圖29　　　　　　　　　　　　圖30

【要點】內外協調一致，動作跟隨內氣旋轉的快慢而行，輕靈圓活有勁。左右托捋時，隨內氣要有托捋、引、帶之勁，不可左右搖晃，不可聳肩，要肩鬆、肘垂、身體中正。

第六式　單　鞭

① 上動不停，內氣右旋，帶腰右轉；右腳向右橫開一步，屈膝半蹲，左腳跟至右腳內側；同時，兩掌隨體轉至右側，右臂屈伸，肘部下垂，掌心斜向朝上；左臂內旋翻掌，兩掌掌心相對；左腳向左橫開一步，屈膝半蹲，右腳隨經左腳內側又馬上向右橫開回原位，左腳回跟至右腳內側；同時，兩掌在右肩前正好旋轉一圈，左臂外旋掌心朝上，右掌內旋掌心朝下，兩掌心相對；眼神先視左右掌，後轉向右掌前方。（圖29、圖30）

② 內氣繼續右旋，帶腰右轉，兩掌沿順時針方向畫圈；同時，左腳向左橫開一步，屈膝半蹲，右腳隨經左腳

| 圖31 | 圖32 |

內側又馬上回至原位，左腳回跟至右腳內側；同時，兩掌正好畫完一圈，右掌五指尖下垂撮攏成吊勾手，與肩同高；左臂外旋屈肘，前臂平，肘稍低於腕，掌心朝內，指尖對著右腕，距離10公分左右；眼神隨視兩掌，後轉向右勾手前方。（圖31）

③ 內氣左旋，帶腰左轉；左腳向東邁出一步，屈膝半蹲，右腳隨經左腳內側又馬上退回原位，左腳抽回至右腳內側；同時，左掌隨轉體向前（東）弧形移至左胸前，屈肘成立掌，掌心斜朝前，指尖斜朝上，右勾手沿順時針畫小圈；眼神隨視左掌。（圖32）

④ 內氣內旋，鬆腰團身，尾骨內收，腿往下彎，屈身下蹲；內氣向前旋蕩，左腳向前邁出一步，腳尖微扣，屈膝半蹲，右腳隨至左腳內側併步虛提略靠後；同時，左掌向前迅速弧形推出，右臂的肩、肘關節鬆開伸長，右勾向右前方擊出（腕打）；腰帶左掌沿逆時針方向畫小圈，右勾手沿順時針方向畫小圈；內氣向前旋蕩，兩臂關節瞬間

圖33

圖34

鬆開伸長，左掌及右勾手迅速擊出；眼神隨左掌而視，後轉向前平視。（圖33）

【要點】內氣運全身帶動身軀，以身帶動四肢，內外協調一致，動作輕靈圓活，連綿不斷，發勁迅速，身體中正，全身放鬆，兩臂微屈，肘尖下垂，不可挺直，含胸拔背，氣沉丹田。

第七式　提手上勢

① 上動不停，內氣沿順時針揉旋，帶腰先左後右揉轉，重心移至左腿；同時，右腳後撤一步，腳尖朝南，屈膝半蹲，左腳隨至右腳內側；右勾手沿順時針方向畫小圈張開變掌，右臂內旋翻掌，掌心朝外弧形捯至右前側，指尖朝上；左臂外旋由左前方往下經小腹向上畫半圓形至右胸前，掌心朝裏，指尖朝右，肘微屈；眼神先顧右掌後顧左掌，後轉向右前平視。（圖34）

② 內氣左旋，帶腰左轉；左腳向左（東）橫開一步，

腳尖朝東南，屈膝半蹲；右腳跟至左腳
內側向南邁出，後腳跟虛落地不實，成
虛步，左膝微屈；內氣向內旋蕩，隨之
團身收尾骨；同時，左掌內旋向左上、
向下弧形按至腹前，掌心朝右，指尖斜
朝前；右掌經右下向前弧形挑至胸前，
掌心朝左，指尖斜朝上，右肘微屈；眼
神先顧左掌後顧右掌，後轉向前平
視。（圖35）

圖35

【要點】動作與內氣旋轉合一，右
掌上提、左掌下按要快，內氣向內旋蕩，重心在左腿上，
右腳跟虛點地，腳尖抬起，不要過高，身體斜向東南，臉
向正南。

第八式　左顧右盼中定

① 上動不停，右掌先內旋胸前屈臂沉肘畫圈，後外旋
向左弧形按出；左臂外旋，貼右臂下方向前伸，弧形往左
抹回反按至左肋前；隨即內氣右旋，帶腰右轉；右掌內旋
隨腰弧形按至右側，掌心朝右；左掌外旋弧形按至右肋
前，掌心朝右，指尖朝前；眼神隨左右掌而視，後轉向前
平視。（圖36、圖37）

② 兩掌向右抹抄回至胸前，兩掌心相對，指尖斜朝
上；內氣向內旋轉，屈腿團身，收尾骨；提起右腿；內氣
向前旋蕩，右腳向前（南）邁出一步，左腳跟進半步，重
心在左腿，成左七右三的三七步；同時，兩掌隨體迅速向
前弧形推出，兩臂屈伸，肘尖下垂，右掌心朝左，指尖斜

圖36

圖37

圖38

圖39

朝上，高與鼻尖平；左掌對準右肘內側，掌心朝右，指尖斜朝前；眼神隨動作而視，後轉向前平視。（圖38、圖39）

【要點】左顧要快，右盼要急，中定要整。含胸拔背，沉肩墜肘，內收尾閭。

第九式　海底撈月

① 上動不停，內氣內旋，帶腰上提，重心移至右腿；

圖40　　　　　　　　　　圖41

左腳後撤一步，屈膝半蹲，右腳隨著抽回提起；同時，右
掌先內旋弧形抽回經胸前外旋下落至腹前，掌心朝上，指
尖朝左；左掌先外旋弧形挑起後內旋至胸前，掌心朝下，
指尖朝右，兩掌心相對，成抱球狀；內氣向內旋，隨之團
身內收尾骨，屈膝蹲身；右腳向前（南）邁出一步，屈膝
下蹲，左腳跟至右腳內側併步虛提；右掌隨右腿弧形抄至
膝前，左掌跟隨，兩掌心仍相對，成抱球狀；眼神隨視動
作。（圖40、圖41）

　　【要點】動作連貫柔軟，步法退之快，進之靈。蘊含
頭打、肩靠、掌撩陰之意。

第十式　鳳凰單展翅

　　上動不停，內氣上旋，兩腳蹬地重心上升；左臂外旋
翻掌，掌心朝上，右掌向上托起，與左掌相接，兩掌齊舉
至胸前；隨即右掌繼續向上舉起過眼時，內氣向下加速旋
蕩，右掌內旋往上迅猛發力展開，掌心朝外，指尖朝左；

左臂內旋翻掌迅速按至腹前，掌心朝下，指尖朝右，兩臂撐圓；眼神向前平視。（圖42）

【要點】內氣向上旋起要快，向下旋蕩要急。兩掌隨內氣上下分掌要急快，有對撐的冷勁。發勁瞬間全身關節鬆開伸長，富有彈簧勁。

圖42

第十一式　鳳凰雙展翅

上動不停，內氣向內旋，收尾骨團身，左掌外翻收置胸前，右掌外翻下落至胸前，兩掌心朝上，指尖相對；內氣向上旋，雙腳蹬地，身往上升起；同時，兩掌向上經眼前速內翻，內氣加速向下旋蕩，腰椎關節鬆展放長，臀向下坐，兩掌隨內氣突然猛發力向上托起，掌心斜朝前上，指尖相對，兩臂撐圓；眼平視前方。（圖43、圖44）

圖43

圖44

圖45

圖46

【要點】兩掌向上展托時，內氣向下旋蕩，掌向上托出，腰瞬間鬆開伸長，然後恢復自然，富有彈簧力。其他關節全部鬆開，全身富有彈簧力，兩掌向上托出要有彈抖勁。

第十二式　老虎淨面

上動不停，內氣左旋，帶腰左轉，兩腿屈膝蹲身；同時，右掌外旋經臉前弧形下移至左側，左掌外旋弧形下移至腹前；隨即內氣右旋，帶腰右轉；左掌經臉前弧形移至右側，掌心朝裏，指尖朝右；右掌外旋弧形移至腹前，掌心朝上，指尖朝左；眼神顧左右掌，後轉向右前平視。（圖45、圖46）

【要點】內氣不停地旋轉，動作連綿不斷，兩掌從面前畫過有護住臉之意，腰轉鬆活、鬆肩含胸。

第十三式　左摟膝拗步

上動不停，內氣右旋，帶腰右轉，重心移至右腿；右

圖47　　　　　　　　　　圖48

掌向右前方（西）上舉，左臂內旋弧形移至腹前，內氣左旋，隨之向左轉腰；左腳向東上步，屈膝半蹲，右腳隨至左腳內側，身體轉向正東；左掌經膝前弧形摟至左胯旁，掌心朝下，指尖朝前，左臂彎曲肘尖朝左後；右掌向上經右耳根側向前（東）弧形迅速推出，掌心朝前，指尖朝上，屈臂垂肘，指尖與鼻尖平；內氣右旋，帶腰右轉，右掌隨腰沿順時針方向畫一個小圈；內氣向前旋蕩，右掌迅速向前擊按，左掌向下發採按勁（補氣發放）；眼神先顧左掌後顧右掌，後轉向前平視。（圖47、圖48）

【要點】在摟膝、右掌向前按出時，沉肩墜肘，兩臂不可挺直，身體保持中正，含胸拔背，內外協調一致。

第十四式　手揮琵琶

上動不停，內氣向內旋，腰向上提，右腳向後撤一步，屈膝半蹲，左腳抽回至右腳內側；同時，左臂弧形向身前托起，右臂屈肘弧形移至身前，兩掌成前上方掤，兩

圖49

圖50

臂撐圓，腕高與肩平；內氣先內旋再右旋繼續向前旋，左腳向前出步，腳跟著地，腳尖翹起；兩掌左右分開隨即又向左前方合出，左臂屈伸，肘尖下垂，腕與肩平，掌心朝右，指尖斜朝前；右掌外旋弧形靠近左肘，掌心對準左肘，指尖斜朝前；眼神隨左右掌而視，後轉向前平視。（圖49、圖50）

【要點】兩掌隨內氣要有合勁、錯勁和向前發放勁，身體中正，沉肩墜肘，頭有上頂之意。

第十五式　左顧右盼中定

動作和要點與第八式左顧右盼中定相同，唯動作左右相反，此式方向朝東，參照圖36～圖39。

第十六式　左摟膝拗步

上動不停，內氣右旋，帶腰右轉；重心移至左腿，右腳後撤半步，屈膝半蹲，腳尖朝南，左腳隨至右腳內側；

圖51　　　　　　　　　　圖52

同時，右掌外旋向下、向右後上方弧形舉起，左掌內旋弧
形移至右側；內氣左旋，帶腰左轉；左腳向東邁出一步，
屈膝半蹲；右腳跟至左腳內側；左掌內旋向左經小腹、左
膝前畫弧摟至左胯旁，掌心朝下，指尖朝前；右掌向上經
耳根弧形向前（東）迅速推出，掌心朝前，指尖朝上，右
臂屈曲，垂肘鬆肩；內氣右旋，帶腰右轉；右掌隨腰沿順
時針畫一個小圈；內氣向前旋蕩，右掌隨內氣迅速按擊
（補氣發放），左掌同時向下採按補氣發放；眼神隨動作
而視，後轉向前平視。（圖51、圖52）

【要點】同第十三式左摟膝拗步。

第十七式　左托挒右摟膝拗步

① 上動不停，內氣左旋，帶腰左轉，右掌隨腰沿逆
時針畫小立圈提起；內氣右旋，帶腰右轉，重心移至右
腿，左腳跟虛起；同時，左掌外旋弧形舉至左前方，肘微
屈下垂；右掌靠近左肘內側，兩掌成托勢；眼神先顧左手

後顧右手。（圖53）

右腳向後撤一步，屈膝半蹲，腳尖朝南，左腳隨至右腳內側；同時，右掌隨轉體外旋弧形移至右側腹前，左掌內旋弧形移至右胸前，兩掌心上下相對，成抱球狀；內氣繼續右旋，帶腰繼續右轉；右掌繼續向右前上方弧形托起（西），左掌弧形按至腹前；內氣左旋，帶腰左轉；左腳向前（東）搬步，身體

圖53

左轉向北，腳尖朝北，右腳隨至左腳內側；右掌內旋隨體弧形移至胸前，掌心朝下，指尖朝左；左掌外旋翻掌，掌心朝上，指尖朝右，兩掌心相對，成抱球狀；眼隨視動作。（圖54、圖55）

② 內氣繼續左旋，帶腰左轉；左掌向左前方（西）弧形托起，右掌弧形移至腹前；內氣右旋，帶腰右轉；右腳

圖54

圖55

向前（東）邁出一步，屈膝半蹲，左腳跟至右腳內側；左掌向上弧形舉起經左耳根向前（東）迅速推出，掌心朝前，指尖朝上；右掌經小腹、膝前半圓形摟至右胯旁，掌心朝下，指尖朝前；內氣左旋，帶腰左轉，左掌沿逆時針畫小立圈；內氣加速向前旋蕩，左掌隨內氣向前按擊（補氣發放），右掌同時向下採按補氣發放；眼隨動作而視，後轉向前平視。（圖56）

圖56

【要點】左掌上托高與左肩平，左臂微屈，肘尖下垂，托掐時要有冷勁。右摟膝時，左掌向前按出，沉肩墜肘，身體中正，含胸拔背，內外協調一致，連綿不斷，輕靈圓活。

第十八式　右托掐左摟膝拗步

動作和要點與第十七式左托掐右摟膝拗步相同，唯動作左右相反，參照圖53～圖56。

第十九式　手揮琵琶

動作和要點與第十四式手揮琵琶相同，參照圖49、圖50。

第二十式　左顧右盼中定

動作和要點與第八式左顧右盼中定相同，唯動作左右

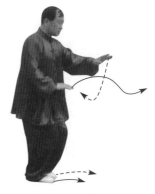

圖57

圖58

相反，方向朝東，參照圖36～圖39。

第二十一式　左摟膝拗步

動作和要點與第十六式左摟膝拗步相同，參照圖51、圖52。

第二十二式　左叉子掌

①上動不停，內氣左旋，帶腰左轉；右掌隨腰沿逆時針畫一立圓放平，掌心朝下；內氣右旋，帶腰右轉；右腳向右後方斜退一步，屈膝半蹲，左腳隨至右腳內側；同時，右掌弧形抽回腹前，左掌從左胯旁向右前方弧形插擊。（圖57）

②內氣左旋，帶腰左轉；左腳向右前邁步，屈膝半蹲，右腳隨至左腳內側；左掌弧形抽回至腹前，右掌向右前方弧形插擊。（圖58）

③內氣右旋，帶腰右轉；右腳向右前邁出一步，屈膝

半蹲，左腳隨至右腳內側；同時，右掌弧形抽回至腹前，左掌向右前方弧形插擊；眼神隨左右掌而視，後轉向右前平視。（圖59）

圖59

【要點】此式向東南方運行，左掌插出右掌抽回，右掌插出左掌抽回。向前方插掌時，掌指自然分開伸直，臂微屈，不可挺直，從掌背上方插出，兩掌掌心都朝下，一出一回同時完成。動作連貫隨內氣而動，內外協調一致。

第二十三式　右叉子掌

動作和要點與第二十二式左叉子掌相同，唯動作方向不同，此式朝東北方，參照圖57～圖59。

第二十四式　托拧下勢搬攔捶

① 上動不停，內氣左旋，帶腰左轉；右掌隨腰沿逆時針畫一小圈向上弧形提起變拳，身體右轉45°；左臂外旋翻掌向左上方弧形托起，高與左肩平；右拳靠近左肘內側，成托拧狀；內氣右旋，帶腰右轉；右腳向後大退一步，屈膝，腳尖朝南，左腳隨至右腳內側，身體繼續右轉45°朝正南；同時，兩手隨體弧形移至右側，左掌托至右胸前，掌心朝上；右拳弧形移至右側，略高於右肩，拳心朝下與左掌心相對，成抱球狀；眼神隨視動作。（圖60、圖61）

圖60　　　　　　　　　　圖61

② 內氣內旋，鬆腰團
身收尾骨；右腿屈膝下蹲，
左腳向左（東）側鋪伸，成
左仆步下勢；同時，拳掌隨
體往下移，左掌弧形移至膝
下，右拳弧形移至膝上。
（圖62）

圖62

　　內氣左旋，帶腰左轉；
右腳用力蹬地，重心左移，以左腳跟為軸腳尖轉向左前，
重心移至左腿，右腳隨身前移向前（東）搬步，身體左
轉，內氣繼續左旋再右旋；右臂外旋翻成反背捶向前劈
打，左臂內旋弧形翻掌至胸前；內氣向前旋，重心移至右
腿；內氣右旋，帶腰右轉；右腿彎曲，左腳跟抬起；同
時，右拳弧形抽回至右肋前；左掌向前（東）弧形按出；
眼隨動作而視，後轉向前平視。（圖63、圖64）

　　③ 內氣繼續右旋，帶腰右轉；重心移至右腳，提左腳

圖63　　　　　　　　　圖64

圖65　　　　　　　　　圖66

向前進步，左掌隨腰轉沿順時針畫一平圓；內氣左旋，帶
腰左轉；右腳跟進與左腳併步虛提，兩腿屈膝半蹲；同
時，右臂內旋，右拳迅速向前立拳擊出，屈臂垂肘，左掌
輕按於右前臂內側；眼神隨動作而視，後注視右拳前方。
（圖65、圖66）

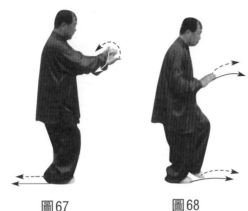

圖67　　　　　　圖68　　　　　　圖69

【要點】托捋時，瞬間要有驚炸勁；攔和捶時都要以內氣帶腰，以腰帶動四肢，內外協調一致，動作連貫，靈活有勁，身體保持中正，不可歪斜或前俯後仰。

第二十五式　如封似閉

上動不停，左臂外旋翻掌貼於右臂下面，右臂外旋右拳變掌；內氣左旋，隨之向左轉腰；右腳向後退一步，屈膝半蹲，左腳抽回至右腳前；同時，兩掌隨身後移弧形向左右分抽至胸前；內氣向內旋，隨之鬆腰團身，內收尾骨，屈膝蹲身；內氣向前旋蕩，左腳向前上步，右腳隨至左腳內側併步虛提，兩腿半蹲；兩掌隨身前移呈下弧形迅速向前按出，與肩同寬，腕與肩平；內氣右旋，帶腰右轉，兩掌隨腰旋沿順時針方向畫一個小立圈；內氣向前旋蕩，兩掌隨內氣向前按擊（補氣發放），掌心朝前，掌指朝上；眼神隨動作而視，後轉向前平視。（圖67～圖69）

| 圖70 | 圖71 |

108

【要點】兩臂交叉隨體回收時鬆肩墜肘，兩肘略分開不可外凸或抬起，兩臂內含掤勁以防把自己捆住，身體中正，不可前俯後仰。

第二十六式　剪子手右纏捋

① 上動不停，內氣向內旋，鬆腰收尾骨；同時，兩臂外旋，左臂外、右臂內，弧形交叉合抱於胸前；內氣左旋，帶腰左轉；兩臂內旋翻掌，右掌經左臂內側下方向右前方弧形舉起；內氣先左旋再右旋不停，隨之腰先左再右揉轉；右掌隨腰在右前上方纏繞，由下往上畫「8」字形，掌心朝下；左掌內旋成立掌，掌心朝右，貼近右肘內側成下捋狀；眼神隨動作而視，後轉向前平視。（圖70、圖71）

② 內氣右旋，帶腰向右揉轉，微收尾骨，重心移至右腿；左腳提起向後退一步，屈膝半蹲；右腳抽回至左腳前，前腳掌落地，腳跟抬起成右虛步；同時，兩掌隨體後

移由右前上方弧形捋向左下方，左掌捋至左胯旁，右掌捋至腹前；眼神隨左右掌而視，後轉向前平視。（圖72）

【要點】剪手時，兩臂交叉合抱須兩膀相合，瞬間加速加勁向左轉，要有剪錯勁。纏捋時，內氣旋轉由快至急再快，快中之急快；動作隨內氣連貫有力，內外合一，上下相隨，協調一致。

圖72

第二十七式　右車輪擠

動作和要點與第四式攬雀尾中第（9）動「車輪擠」相同，參照圖22、圖23。

第二十八式　進步按

動作和要點與第四式攬雀尾中第（10）動「進步按」相同，參照圖24、圖25。

第二十九式　剪子手左纏捋

動作和要點與第二十六式剪子手右纏捋相同，唯動作左右相反，參照圖70～圖72。

第三十式　左車輪擠

動作和要點與第四式攬雀尾中第（9）動「車輪擠」相同，唯動作左右相反，參照圖22、圖23。

109

圖73

圖74

第三十一式　進步按

動作和要點與第四式攬雀尾中第（10）動「進步按」相同，參照圖24、圖25。

第三十二式　十字手

①上動不停，內氣內旋；隨之兩臂內旋，兩肘屈曲外撐由身前弧形舉起，雙掌舉至頭頂前，掌心朝外，兩掌指尖斜相對；身體重心移至左腿；內氣向右旋轉鼓蕩，帶腰右轉；右腳向後退步，腳尖朝南，左腳跟至右腳內側；內氣向左旋轉鼓蕩，隨之向左轉腰；左腳向左橫開一步，右腳跟至左腳內側併步，兩腿屈膝半蹲；雙掌隨體移動向左右兩側分開，弧形向內圈抄於膝下相抱。（圖73、圖74）

②兩腳蹬力，重心上升，膝關節微屈；同時，雙臂交叉抱至胸前，左臂在裏，右臂在外，掌心斜朝內，成十字狀；眼隨右手而視，後平視前方。（圖75）

圖75

圖76

【要點】十字手動作先分劈，後抄抱，再十字交叉，兩臂呈弧形鬆肩墜肘，內含掤勁。兩腿屈伸上下相隨，協調一致，內外合一。

第三十三式　抱虎歸山

①上動不停，內氣左旋，帶腰左轉45°；同時，左掌隨腰轉外旋向左經小腹弧形舉至左前上方，掌心朝上；右掌內旋下移至腹前，掌心朝下。（圖76）

②內氣右旋，身體重心移至左腿，腰向右轉；右腳提起向西北邁出一步，屈膝半蹲；左腳隨至右腳內側；同時，右掌往下經小腹、膝前弧形摟至右胯旁，掌心朝下，指尖朝前；左掌繼續向上經左耳根向前弧形迅速按出發勁，掌心朝前（西北），指尖朝上；隨即內氣左旋，帶腰左轉，左掌隨腰轉逆時針畫小立圈；內氣向前加速旋蕩，左掌隨內氣向前關節鬆開伸長按擊發勁補氣發放，右掌同時向下採按補氣發放；眼平視前方。（圖77、圖78）

圖77

圖78

【要點】內氣旋蕩帶動身體左右移重，各關節鬆活，發勁冷脆，內力深長，補氣要快捷。

第三十四式　斜攬雀尾

（1）右　掤

① 上動不停，內氣右旋，帶腰右轉；左臂隨腰轉內旋弧形移至胸前，掌心朝下；右臂外旋弧形移至腹前，掌心朝上；內氣左旋，帶腰左轉；同時，左腳向後退一步，屈膝半蹲；右腳隨至左腳內側虛提；兩掌隨身體向後移動轉至左側，掌心相對，成抱球狀；眼隨動作而視，即轉向前平視。（圖79）

② 內氣內旋，隨之鬆腰下沉；

圖79

圖80　　　　　　　　　　圖81

右臂弧形向身前挑起，前臂平行，肘略低於腕，掌心斜朝
裏；左掌向左下移動與右掌平行時，收尾骨團身軀，屈膝
下蹲身；內氣加速向前旋蕩；右腳向前邁步，屈膝半蹲；
左腳隨至右腳內側；同時，右臂掤圓，腕與肩平，掌心斜
朝上，指尖朝左；左掌迅速向前（西北）弧形掤出發勁，
掌心斜向前，與右掌心斜相對；眼隨左右而視，後平視前
方。（圖80、圖81）

【要點】同第四式攬雀尾中第（1）動左掤。

（2）右三環套月

　　動作和要點與第四式攬雀尾中第（2）動「左三環套
月」相同，唯動作左右相反，運動方向朝西北，參照圖
11～圖14。

（3）右　掤

　　動作和要點與第四式攬雀尾中第（1）動「左掤」相

同,唯動作左右相反,運動方向朝西北,參照圖10。

(4)左穿掌右纏捋

動作和要點與第四式攬雀尾中第(8)動「左穿掌右纏捋」相同,參照圖18~圖21。

(5)車輪擠

動作和要點與第四式攬雀尾中第(9)動「車輪擠」相同,參照圖22、圖23。

(6)進步按

動作和要點與第四式攬雀尾中第(10)動「進步按」相同,參圖24、圖25。

第三十五式　左右托捋

動作和要點與第五式左右托捋相同,參照圖26~圖28。

第三十六式　肘底看捶

①上動不停,內氣右旋,帶腰右轉;右腳向右橫開一步,左腳跟至右腳內側似落非落;同時,雙掌隨轉體至右側身前,右臂外旋弧形移至右前方,掌心朝上,左掌弧形隨至右掌之上,成抱球狀;隨即左腳向左橫開一步回原位,右腳隨至左腳內側似落非落,雙掌在右側前順時針揉球不停;右腳向右橫開一步回原位,左腳隨至右腳內側似落非落,雙掌繼續揉球,身體移至右側時正好球揉完,左

114

圖82

圖83

掌在下，右掌在上，兩掌心相
對，成抱球狀；眼隨動作而
視，後轉向前平視。（圖82、
圖83）

②　上動不停，內氣繼續
右旋；雙掌順時針畫圈；左腳
向左橫開一步，屈膝半蹲；右
腳跟至左腳內側，隨即回到原
位，屈膝半蹲；左腳又隨至右
腳內側似落非落；同時，雙掌
畫圈正好到終點，右掌內旋變

圖84

拳，拳面朝左，左掌內旋翻掌，掌心朝下，指尖朝右拳，
距離約10公分左右。（圖84）

③內氣左旋，帶腰左轉；左腳向前（南）搬步，腳尖
朝東南，屈膝半蹲；右腳向前進一步落在左腳前，成丁字
步，腳尖朝東南；隨之身體轉向正東，雙手隨轉體向正

圖85　　　　　　　　　　圖86

東；眼向前平視。（圖85、圖86）

④內氣右旋，帶腰右轉；右臂外旋立拳；重心移至右腿，左腳弧形收至右腳內側向前（東）邁出，腳後跟落地，腳尖抬起；同時，左掌外旋抽回至左胸前向左前方弧形劈出，腕與左肩齊，掌心朝右，指尖斜朝前；右拳抽回至左肘下，成肘底看捶；眼平視前方。（圖87）

【要點】隨內氣右旋完成整個動作，要鬆腰鬆胯，含胸拔背，沉肩墜肘，兩臂須呈弧形，胸部不能正對前方，要側朝右前斜方。

第三十七式　進步捶

上動不停，內氣前旋；左腳向前邁步，右腳跟至左腳內側併步虛提，兩腿屈膝半蹲；同時，左掌向前、向裏畫立圈，右拳向前迅速擊打，左掌心貼在右前臂內側；眼平視前方。（圖88）

【要點】動作隨內氣前旋同時完成，右拳向前打出時

圖87　　　　　　　　　　圖88

右臂要屈，肩要鬆，含胸拔背，身體要正。

第三十八式　連珠掌

①上動不停，內氣右旋，帶腰右轉；身體重心移至左腿，右腳向後撤一步，屈膝半蹲，左腳向回收至右腳前約半步，前腳掌著地，成左虛步；同時，左掌向前伸展；右拳變掌外旋向右後方弧形伸開，隨之向上屈肘捲肱弧形向右耳側移動；隨即內氣左旋，帶腰左轉；右掌經右耳側弧形向前與左掌心相對時迅速疾按，右臂微屈，掌心斜朝前（東），指尖斜朝上；左掌外旋翻掌與右掌心相對時迅速弧形抽回至胸前，掌心斜對右前臂內側；眼隨右手而視，即轉向前平視。（圖89、圖90）

②內氣向右迅速旋蕩，帶腰向右揉轉；左掌內旋弧形向前迅速按出發勁，掌心朝前，指尖朝上；右臂外旋弧形迅速抽回至胸前，掌心斜對左前臂內側，貼近左肘；隨即內氣向左迅速旋蕩，帶腰向左揉轉；右掌內旋弧形迅速向

圖89

圖90

圖91

圖92

前按出發勁，掌心斜朝前；左掌外旋翻掌呈下弧形迅速抽回至胸前，掌心朝上，靠近右肘；眼隨左右而視，即轉向前平視。（圖91、圖92）

【要點】內氣左右旋轉迅速，腰的揉轉靈活有力，雙掌按出連貫急快有勁，身體保持中正，含胸拔背，沉肩墜肘。

圖93

圖94

第三十九式　左倒攆猴

上動不停，內氣向內旋，隨之鬆腰團身，身體重心移至右腿；左腳提起向後撤一步，屈膝半蹲，右腳抽回至左腳前約半步，前腳掌著地，成右虛步；同時，左掌向下弧形移動，右掌向前伸展；隨即內氣左旋，帶腰左轉；左掌弧形舉至左肩前上方，右臂外翻；內氣右旋，帶腰右轉；左掌經左耳根向前弧形按出；右臂屈曲，掌心朝上收至左肘內側；眼神先顧左掌後顧右掌，即轉向前平視。（圖93、圖94）

【要點】退步時要團身屈膝，不可前俯，內外協調一致；左掌前按時，含胸拔背，沉肩墜肘，頭有上頂之意。

第四十式　連珠掌

動作和要點與第三十八式「連珠掌」相同，唯動作左右相反，參照圖89～圖92。

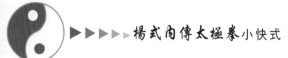
第四十一式　右倒攆猴

動作和要點與第三十九式「左倒攆猴」相同，唯動作左右相反，參照圖93、圖94。

第四十二式　連珠掌

動作和要點與三十八式「連珠掌」相同，參照圖89～圖92。

第四十三式　左倒攆猴

動作和要點與第三十九式左倒攆猴相同，參照圖93、圖94。

第四十四式　斜飛勢

①上動不停，內氣右旋，帶腰右轉；右掌先內旋向右側畫弧，後外旋畫圓抱至腹前，掌心朝上，指尖朝左；左掌內旋向左側畫弧至胸前，掌心朝下，指尖朝右，兩掌心相對，成抱球狀；同時，右腳抽回至左腳前，腳尖虛點地；眼向前平視。（圖95、圖96）

②內氣左旋，帶腰左轉；右腳提起，左腿屈膝下蹲；右掌向上經左前臂外側弧形托起至身前，掌心朝裏；左掌外旋屈臂沉肘弧形抽回至胸前，掌心斜朝右，指尖斜朝上。（圖97）

③內氣向右迅速旋轉，帶腰向右迅速轉動；右腳向前（正南）邁出一大步，左腳跟至右腳內側併步虛提，兩膝屈半蹲；同時，右掌內旋翻轉掌心朝外向前（南）弧形迅

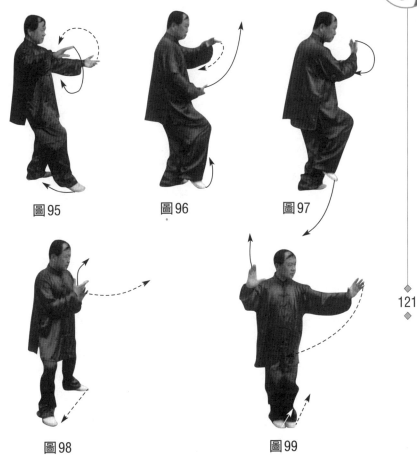

圖95　　　　圖96　　　　圖97

圖98　　　　　　　　圖99

速捌出發勁，左掌隨之向東迅速擊發，掌心朝南，指尖斜朝上，兩腕與肩平；眼隨動作而視，即轉向前平視。（圖98、圖99）

【要點】動作隨內氣完成，輕靈圓活有勁，身體保持中正，鬆肩沉肘，兩臂微屈不可挺直，兩掌成側立掌，自然含胸拔背，頭有上頂之意，雙掌同時發勁。

圖100　　　　　　圖101　　　　　　圖102

第四十五式　提手上勢

①上動不停，身體重心移至右腿；內氣左旋，帶腰左轉；左腳向後撤一步，左腿屈膝半蹲，右腳抽至左腳前約半步，前腳掌著地，成右虛步；隨即內氣右旋，帶腰右轉；左掌由左側向左前方弧形穿出，掌心朝右，指尖朝前；右掌內旋向右後上方反臂抬起，掌與頭平。（圖100）

②內氣左旋，帶腰左轉；右掌內旋向後、向下掄劈經右胯外側向前弧形挑至右前方，掌心朝左，指尖斜朝前；左掌弧形抽經胸前向下按至腹前，掌心朝右，對準右肘部，指尖斜朝前；同時，右掌由右後方向前時右腳提起向前，腳跟著地，腳尖抬起；眼隨動作而視，即轉向前平視。（圖101、圖102）

【要點】動作隨內氣完成，圓活有勁。右掌由右後方向右前方挑起快到終點時，內氣向內加速旋轉，鬆腰收尾

圖103　　　　　　　　　圖104

骨，隨之右掌加速挑起發勁，左掌同時加速向下按發勁，右掌上挑左掌下按，協同一致。身體保持中正，含胸拔背，沉肩墜肘。

123

第四十六式　左顧右盼中定

動作和要點與第八式左顧右盼中定相同，參照圖36～圖39。

第四十七式　燕子抄水

①上動不停，內氣右旋，帶腰右轉；右掌外旋弧形抽至胸前，掌心朝上；左掌向前弧形推出，左臂微屈伸展，鬆肩垂肘，臂不可挺直，掌心朝前；隨即內氣左旋，帶腰左轉；右掌內旋翻掌，掌心朝下，左掌外旋弧形抽至腹前，掌心朝上，與右掌相對，成抱球狀，身體轉正（南）；同時，內氣向內旋轉，隨之鬆腰團身收尾骨；左腿屈膝半蹲，右腿屈膝提起，（圖103、圖104）

圖105

圖106

②內氣向前旋蕩；右腳向前邁出一大步，腳尖朝東南，身體重心前移至右腿，右膝前弓，成右弓步；右掌隨身體前移向前穿出。（圖105）

③左腳向右腳內側前虛點，成三角形小虛步，身體左轉90°向東；同時，右掌隨著轉體往下弧形抄至左膝下，掌心朝上；左掌往下經小腹前向外畫弧移至左膝前，掌心朝下，兩掌心相對，成抱球狀；眼隨動作而視，即轉向前平視。（圖106）

【要點】隨內氣旋轉動作協調一致，連綿不斷，左掌向前按出時要有按推對方前胸之意，右掌隨身弧形下抄時，要蘊含抄抱對方來腿之意。

第四十八式　白鶴亮翅

上動不停，內氣向上蕩起，右腳蹬力身體迅速升起；同時，右臂內旋，右掌向上提至頭右側上方，用掌背向上

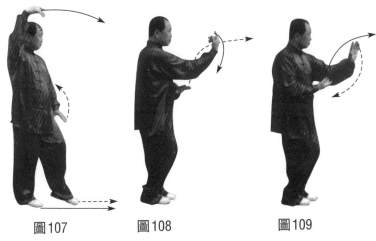

圖107　　　　　　圖108　　　　　　圖109

突猛發勁；左掌提至身前迅速向下按至左胯外側，指尖朝前；眼隨右掌而視，即轉向前平視。（圖107）

【要點】隨內氣起身時鬆腰，雙掌發勁時全身放鬆，內氣向下鼓蕩，氣沉丹田，瞬時間腰伸長然後恢復自然，要有彈簧勁。兩臂與右腿均微屈，不可直挺；右掌上提突然發出梢節的鞭打勁。

第四十九式　陰陽連珠掌

①上動不停，內氣左旋，帶腰左轉；左腳向前上步，左腿屈膝半蹲，右腳迅速向前併於左腳內側；同時，右掌外旋向前（東）弧形反背摔擊，掌心朝臉；左掌提至左胸前；隨即內氣右旋，帶腰右轉；左掌向前迅速弧形按出，掌心朝前，指尖朝上；右掌弧形抽至右胸前，掌心朝上，指尖朝前。（圖108、圖109）

②內氣左旋，帶腰左轉；右掌內旋迅速向前弧形按

出;左掌收至腹前,掌心朝下,指尖
朝前;眼平視前方。(圖110)

【要點】身體中正,內氣左右旋
轉,腰要活,步法輕靈,左右掌按出
時柔軟有力連貫脆快,內外、上下協
調一致。

圖110

第五十式　海底針

①上動不停,左掌弧形提起輕貼
右腕部;內氣左旋,帶腰向左揉轉;
右掌外旋,隨腰逆時針方向畫一個小
圈;隨即內氣右旋,帶腰右轉;身體重心移至左腿,右腳
向後撤一步,右腿屈膝半蹲,左腳抽回至右腳前,前腳掌
著地虛點,成小虛步;同時,左掌隨右掌內旋弧形引至右
額上方,掌心朝外,身體轉向東南;右腿屈伸身體往上升
起,右腿微屈不可挺直。(圖111、圖112)

圖111

圖112

圖113

圖114

②內氣左旋，帶腰左轉，身體轉向正（東）；內氣內旋，隨之鬆腰團身收尾骨，右腿屈膝下蹲；同時，左掌隨右掌往下墜至左小腿前，右掌心朝左，指尖朝前；眼視前。（圖113）

【要點】內氣帶動全身完成整個動作；左掌隨右掌引至右額上方時與步法同時完成，右掌有引拔之勁，兩掌下墜時同時發勁要快，有千斤墜地之意。

第五十一式 扇通背

①上動不停，內氣左旋，帶腰左轉；右掌心朝上，左掌輕貼右腕部，兩掌隨腰旋轉逆時針向內畫圓圈，隨之右臂向上提至肩高，右掌心朝右，左掌心朝前；同時，左腳微抬起。（圖114）

②內氣右旋，左腳向前上步，內氣向前鼓蕩沉入丹田，右腳緊隨左腳內側併步，兩腿屈膝半蹲；同時，左掌

圖115

向左前方迅速按出發勁，掌心朝前，指對鼻尖朝上，腕與肩平；右掌弧形挑架至右額上方，掌心朝外，指尖朝前；眼神先顧右掌後顧左掌，即轉向前平視。（圖115）

【要點】左掌向前發勁，瞬時間內氣向右迅速旋轉，腰迅速右轉，上身轉向東南，面向東，發勁要有旋轉勁。左掌向前按出，臂勿伸直，沉肩墜肘，右掌向上挑架前臂要斜向，不可橫挑，上下動作連貫，乾淨利落，內外協調一致。

第五十二式　回身撩陰捶

上動不停，內氣右旋，帶腰右轉；身體重心移至左腿，右腳向後撤一步，右腿屈膝半蹲，左腳跟至右腳內側，身體右轉；同時，右掌外旋變拳向下經胸前、小腹、右胯向右前下方（西）弧形抖腕撩出，拳面朝前；左掌外旋弧形經過小腹輕貼右前臂內側肘部；眼隨右拳而視，後

圖116

圖117

注視右拳前方。（圖116）

【要點】右拳後撩要發抖勁，要迅速，發勁的瞬間氣內旋沉入丹田，鬆腰收尾骨，向下坐身。

第五十三式　翻身撇身捶

（1）反背劈捶

上動不停，內氣左旋，帶腰左轉；左腳後撤一步，右腳收回左腳內側；右拳變掌，左掌外旋掌心朝上，兩掌抽回經腹前弧形向上舉至左胸前時右掌變拳；隨即內氣右旋，帶腰右轉；右腳向前（西）邁出一步，右腿屈膝半蹲，左腳跟至右腳內側；同時，內氣向前旋蕩，隨之左掌向右肘前弧形蓋下；右拳向右前方弧形反背劈出發勁，與肩同高，鬆肩沉肘，臂屈曲，左掌輕貼右肘內側；眼向前平視。（圖117）

圖118　　　　　　　　　　　　　　圖119

（2）撲面掌窩心捶

①內氣右旋，帶腰右轉；左掌隨腰轉向前方迅速弧形按出發勁；右拳外旋抽回至左肘內側，拳心朝上。（圖118）

②內氣向左迅速旋轉，帶腰向左迅速揉轉；同時，右拳內旋，迅速向前擊出，拳心朝下；左掌外旋，抽回至右肘下邊，掌心朝上；眼神先顧左掌後顧右拳，即轉向前平視。（圖119）

【要點】身體中正，內氣左右旋轉迅速，腰靈活有力。反背劈捶、撲面掌、窩心捶三手緊湊連貫，有一步三拳之稱，發放迅速，冷彈有力。

第五十四式　進步搬攔捶

①上動不停，內氣右旋，帶腰右轉；左掌隨右拳順時針方向畫圈；左腳向後退一步，左腿屈膝，右腳抽回經左

圖120　　　　　　　　　　圖121

腳內側向前弧形搬步，腳尖外撇朝向西北，左掌右拳弧形抽回小腹前成抱勢，右拳與左掌相對；隨即內氣由左側向右側斜向旋轉，帶腰向右揉轉；同時，雙手繼續向左、向上經胸前，右拳向右側前方弧形反背劈打，與肩同高，拳背朝前，拳心朝內；左掌揮至左胸前與右拳心相對。（圖120）

　②內氣右旋，帶腰右轉；身體重心前移，右腿屈膝蹲身；同時，左掌向前畫下弧形按出，右拳弧形抽至右脅前，左掌向前按出快到終點時，內氣向前加速旋轉沉入丹田，隨之左掌迅速塌按；身體重心完全移至右腿，左腳跟至右腳內側。（圖121）

　③內氣右旋，帶腰右轉；左掌隨腰向右移動放平成斜探掌；隨即內氣左旋，帶腰左轉；腰帶左掌逆時針方向畫平圈；內氣向前旋蕩，左腳向前（西）邁出一步，左腿屈膝半蹲，右腳跟至左腳內側；同時，右拳向前迅速打出，

圖122　　　　　　　　　圖123

拳眼朝上，拳面朝前；左掌畫圈正好畫完輕按在右腕部；眼隨雙手而視，即轉向前平視。（圖122、圖123）

【要點】手腳合一，協調一致，右拳要撐旋打出，沉肩墜肘，氣沉丹田，鬆腰鬆胯，頭上頂之意，發勁的瞬間梢節要緊。

第五十五式　上步攬雀尾

（1）右　掤

①上動不停，內氣右旋，帶腰右轉；右腳向右斜後方退一步，右腿屈膝，左腳抽回至右腳內側；右拳變掌，掌心朝下，左掌外旋，掌心朝上，兩掌抱球隨身後移弧形收經腹前。（圖124）

②內氣左旋，帶腰左轉；左腳向左（南）橫開一步，左腿屈膝半蹲，腳尖朝西南，右腳跟至左腳內側；左掌向

圖124

圖125

左側弧形移至胸前，掌心朝下；
右掌經胯外弧形抄抱於腹前，掌
心朝上，兩掌相對，成抱球狀；
隨即內氣斜向由外向內旋轉，帶
腰向左微揉轉；右掌向上弧形挑
至胸前，前臂托平，掌心朝內，
指尖朝左；左掌弧形下落，稍低
於右掌，與右掌斜相對，指尖斜
朝上，兩掌成推球狀。（圖125）

③右腳向前（西）邁出一
步，右腿屈膝半蹲，左腳跟至右

圖126

腳內側；同時，兩掌掌形不變，左掌隨右掌向右前弧形迅
速掤出發勁，右掌心斜朝上，臂微屈撐圓，腕與肩平；左
掌護於右前臂內側，掌心斜朝前，與右掌斜相對；眼向前
平視。（圖126）

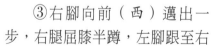

【要點】步法輕靈圓活，退步、橫開、閃進成三角形步。向前掤時，兩胯要合，雙臂撐圓，向前掤發勁的瞬間內氣向前加速旋蕩。

（2）右三環套月

動作和要點與第四式攬雀尾中的（2）「左三環套月」相同，唯手腳動作左右相反，運動方向朝西，參照圖11～圖14。

（3）右　掤

動作和要點與第四式攬雀尾中的（3）「左掤」相同，唯手腳動作左右相反，參照圖10。

（4）左穿掌右纏挒

動作和要點與第四式攬雀尾中的（8）「左穿掌右纏挒」相同，參照圖18～圖21。

（5）車輪擠

動作和要點與第四式攬雀尾中的（9）「車輪擠」相同，參照圖22、圖23。

（6）進步按

動作和要點與第四式攬雀尾中的（10）「進步按」相同，參照圖24、圖25。

圖127

第五十六式　左右托挎

動作和要點與第五式左右托挎相同，參照圖26～圖28。

第五十七式　單　鞭

動作和要點與第六式單鞭相同，參照圖29～圖33。

第五十八式　左雲手（一）

①上動不停，內氣右旋，帶腰右轉；右腳向右橫開一步，右腿屈膝半蹲；右勾手變掌，右臂內旋弧形移至右側前方，掌心朝外，指尖朝上，與肩同高，臂屈曲伸展；左掌外旋由左前弧形移至腹前，掌心朝裏，指尖朝右，左臂屈伸。（圖127）

②左腳收至右腳內側併步，兩腿屈膝半蹲；同時，右

圖128

圖129

掌向右下弧形移動，左掌向右上弧形移動；隨即內氣左旋，帶腰左轉；左腳向左橫開一步，右腳隨至左腳內側併步虛提；同時，左掌繼續向上經臉前內旋弧形向左前方劈掌，與肩同高，掌心朝外，指尖朝上，屈左臂、垂肘；右掌外旋繼續由右往左經右胯、小腹弧形移至左腹前，掌心朝上，指尖朝左，右臂屈伸；眼神兼顧雙手。（圖128、圖129）

第五十九式　左雲手（二）

上動不停，內氣右旋，帶腰右轉，右腳踏實；右掌由左側往右經臉前內旋翻轉弧形向右前方劈掌；左掌往下經左胯、小腹外旋弧形移至右側腹前，掌心朝上，指尖朝右；隨即內氣左旋，帶腰左轉；左腳向左橫開一步，右腳隨至左腳內側併步虛提；同時，左掌經臉前內旋弧形向左前方劈掌，與肩同高，掌心朝外，指尖朝上；右掌往下經

圖130　　　　　　　　　　圖131

右胯、小腹外旋弧形移至左側腹前，掌心朝上，指尖朝左，右臂屈伸；眼神兼顧雙手。（圖130、圖131）

第六十式　左雲手（三）

動作與第五十九式雲手（二）相同，參照圖130、圖131。

【要點】身體中正，周身放鬆，不可左右搖晃。內氣運轉帶動全身，並以腰的轉動帶動四肢。內外上下協調一致，步法輕靈，鬆肩沉肘，兩臂自然屈曲，動作圓滿，連貫不斷。雲手上護頭、下護身，發勁脆快，氣沉丹田，全身放鬆，頭有上頂之意。

第六十一式　單　鞭

上動不停，內氣右旋，帶腰右轉；右腳向右橫開一步，右腿屈膝半蹲，左腳隨至右腳內側虛提；同時，右掌

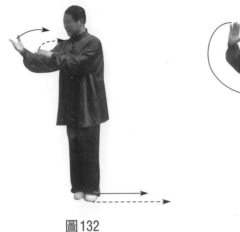

圖132   圖133

往右經臉前外旋弧形移至右側前方，掌心朝上，指尖朝右上方；左掌內旋向下經左胯、小腹弧形移至右側胸前，掌心朝下，指尖朝右；眼神先顧左掌後顧右掌，即轉向右前平視。（圖132）

以下動作和要點與第六式單鞭相同，參照圖29～圖33。

第六十二式　回身右單鞭

①上動不停，內氣右旋，帶腰右轉；右腳後退一步，腳尖朝南，右腿屈膝半蹲，左腳收至右腳內側虛提；同時，右勾手變掌弧形移至右側前方，與肩同高，掌心朝外，指尖朝上，臂屈伸；左掌向下經左胯弧形移至右小腹前，掌心朝裏，指尖朝右；眼隨右掌而視。（圖133）

②內氣左旋，帶腰左轉；左腳向左橫開一步，左腿屈膝半蹲，右腳跟至左腳內側併步；同時，左掌向上、向左

圖134

圖135

內旋弧形移至左側前方，屈臂，掌心朝外，指尖朝上；右掌外旋向下經右胯、小腹前弧形移至左側靠近左肘，掌心朝裏，指尖朝左；眼隨左掌而視。（圖134）

以下動作和要點與第六式單鞭相同，唯手腳動作左右相反，運動方向朝西，參照圖29～圖33。

第六十三式　右托捋

①上動不停，內氣右旋，帶腰右轉；同時，左勾手變掌向右弧形移至右肘內側，掌心朝下，指尖朝右前方，與肩同高；右掌外旋向右側前弧形伸出，掌心朝上，指尖朝前，臂微屈勿直，兩掌成托捋勢；眼神先顧左掌後顧右掌，即轉向右平視。（圖135）

②內氣左旋，帶腰左轉；左腳向後退一步，腳尖朝南，身體朝向正南，兩腿屈膝半蹲；同時，雙掌隨轉體向左平行托引，右掌弧形移至右前方，與肩同高，掌心朝

圖136   圖137

上，左掌弧形移至左肩前，掌心朝下；眼隨左掌而視。
（圖136）

【要點】向左側托引時，身體中正，有托、引、帶之
勁。

第六十四式　翻身左托捋

①上動不停，內氣繼續左旋，帶腰左轉；右腳收至左
腳內側似虛提；同時，左掌向左前弧形伸長，臂微屈勿
直，掌心朝上，指尖朝左前方，與肩同高；右掌由右側弧
形移至左肩前，掌心朝下，指尖朝左，成左托捋勢；眼神
先顧左掌後顧右掌，即轉向左掌前方。（圖137）

②內氣右旋，帶腰右轉；右腳向右橫開一大步，腳尖
略朝西南，右腿微屈；左腳收至右腳內側虛提；同時，兩
掌向右側弧形托捋，右掌弧形移至右側頭前，掌心朝下，
指尖朝左；左掌弧形移至左側前方，屈臂垂肘，掌心朝

圖138　　　　　　　　圖139

上，指尖朝左側；眼隨左掌而視。（圖138）

　　【要點】向右側托捋時，有托、引、帶之勁，身體中正。

第六十五式　蛇身下勢

　　上動不停，內氣下旋（內氣下沉），鬆腰團身收尾骨；右腿屈膝全蹲，左腳向左側伸出，左腿平鋪微屈，成左仆步；同時，兩掌向右、向下畫弧，右掌移至右膝前，掌心朝下，指尖朝前（南）；左掌移至右膝內側，掌心朝上，指尖朝右；眼視兩掌。（圖139）

　　【要點】內氣先右旋再往下旋轉，腰先右轉再左轉向下，腿全蹲，上下動作連貫，協調一致。下勢重心在右腳，左腳為虛。

圖140　　　　　　　　　　圖141

第六十六式　右穿掌

①上動不停，內氣左旋，帶腰左轉；左腳尖轉向正東，右腳用力蹬地，身體重心移至左腿，右腳尖隨著轉向東南，成左弓步；同時，兩掌隨轉體向左弧形移動，左掌內旋畫下弧移至左側前方，掌心朝下，指尖朝前；右掌外旋弧形收至肋下，掌心斜朝前，指尖斜朝下；眼隨左掌而視。（圖140）

②內氣左旋，帶腰左轉；身體重心移至左腳，右腳跟至左腳內側虛提；同時，右掌向前上方迅速弧形穿出，掌心斜朝上，指尖斜朝上；左掌弧形抽回，掌心朝下，指尖朝內成橫掌，收至右肘內側；眼神先顧左掌後顧右掌，即轉向前平視，面向朝東。（圖141）

【要點】上身保持中正；穿掌時鬆腰、鬆肩、臂不可挺直，略彎曲，腕直、掌指直，穿掌高不過眉。

圖142　　　　　　　　　圖143

第六十七式　　右高探馬

①上動不停，內氣右旋，帶腰右轉；右腳向後撤一大步，右腿屈膝半蹲；同時，兩掌在身體前後分開，左腳回收至右腳前虛點，前腳掌落地，成小虛步；同時，左臂向左前方屈伸，掌心朝下，指尖朝前，高與肩平；右掌向右下方弧形抽回，經右胯外向上托起，與肩同高，掌心朝上，指尖朝右前（西）；眼隨右掌而視。（圖142）

②內氣左旋，帶腰左轉；左腳向前邁出半步，右腳跟進半步，身體重心坐在右腳上，左腳跟提起，前腳掌落地，成小虛步；同時，右掌繼續向上經右耳根側橫掌往前上方迅速弧形按出，臂微屈勿直，肘稍低於腕，與肩同高，小指側斜朝上，掌心斜朝下，指尖朝左；左臂外旋翻掌，掌心朝上，指尖朝右橫掌弧形抽至腹前；眼視前方。（圖143）。

圖144　　　　　　　　　　圖145

【要點】右掌向前按出時身體往上起，不可挺直，氣往下沉，勁到手掌。動作內外上下協調一致，身體中正，含胸拔背，沉肩墜肘。

第六十八式　左如封似閉

上動不停，內氣左旋，帶腰左轉；右掌向左、向裏弧形回收經左胸前，屈右臂沉肘移至右胸前，成斜立掌；左掌向右從右肘外向左輕擦右前臂外側弧形移至左胸前，掌心朝上；隨即左腳向左斜前方邁出一步，腳尖朝東北，左腿屈膝半蹲，右腳跟至左腳內側虛提；同時，左掌內旋成斜立掌，雙掌向左斜方迅速弧形按出；眼視前方。（圖144、145）

【要點】同第二十五式如封似閉。

圖146

圖147

第六十九式　左右橫圈手

①上動不停，內氣右旋，帶腰右轉；同時，右掌外旋弧形移至腹前，掌心朝上，指尖朝左；左掌弧形移至胸前，掌心朝下，指尖朝右，雙掌心相對，成抱球勢；眼神先顧右掌後顧左掌，即轉向前平視。（圖146）

②內氣右旋，右腳向後退一步，右腿屈膝半蹲，左腳抽回右腳內側虛提；同時，右掌向下弧形移至右胯外，掌心朝前，指尖朝下；左掌由前向左弧形移至左肩外，掌心朝下，指尖朝外；眼先隨右掌後隨左掌，即轉向前平視。（圖147）

③ 內氣左旋，左腳向前邁出一步，左腿屈膝半蹲，右腳跟至左腳內側虛提；同時，右掌內旋由下向上弧形移至胸前，掌心朝下，指尖朝左；左掌外旋向下經左胯外弧形移至腹前，掌心朝上，指尖朝右，兩掌心相對，成抱球

圖148

圖149

勢；眼向前平視。（圖148）

④ 內氣右旋，右腳向後退一
步，右腿屈膝半蹲，左腳抽回右
腳內側稍微靠前虛提；同時，兩
掌向左右弧形分開，右掌向下弧
形移至右胯外側，掌心斜朝裏；
左掌內旋由腹前經左胯弧形上移
至左肩前，掌心朝下，指尖朝
前；眼隨左掌而視。（圖149）

⑤內氣左旋，左腳向前邁出
一步，左腿屈膝半蹲，右腳隨至
左腳內側虛提；同時，右掌外旋繼續由右胯外弧形移至腹
前，掌心朝上，指尖朝左；左掌繼續由左肩前弧形移至胸
前，掌心朝下，指尖朝右，兩掌心相對，成抱球狀；眼兼
顧兩手，即轉向前平視。（圖150）

圖150

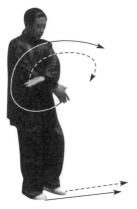

圖151　　　　　　　　　　圖152

【要點】步法跟進隨退輕靈順暢，不可跳躍；兩掌橫圈要畫圓不間斷。身體保持中正，全身放鬆，動作柔軟連貫，上下協調一致。

147

第七十式　右左劈掌

①上動不停，內氣右旋，帶腰右轉；右腳向後撤一步，右腿屈膝半蹲，左腳抽回至右腳內側稍靠前虛提；左掌擦著右前臂向右側弧形挑起；內氣向左斜旋，帶腰向左揉轉，左腳向前邁進一步，左腿屈膝半蹲，右腳隨至左腳內側虛提；同時，左掌外旋向上弧形移至身前，掌心朝下；右掌外旋向右、向上、向前上方迅速弧形劈出，掌心朝左，掌指尖斜朝上；左掌背輕貼右肘內側，指尖朝右；眼向前平視。（圖151、圖152）

②左劈掌動作與①右劈掌相同，唯左右動作不同。（圖153、圖154）

圖153　　　　　　　　　　　　　　圖154

【要點】左右劈掌時，退步挑掌，進步劈掌，步法輕靈，上下協調一致，動作柔軟連貫。劈掌時，頭有上頂之意，鬆肩，臂微屈，沉胯，氣沉丹田。

第七十一式　上掤下圈

上動不停，內氣內旋，右腳向後退一步，右腿屈膝半蹲，左腳抽回右腳內側略向前虛提；雙掌內旋弧形上掤舉至頭前上方，兩掌距離20公分，指尖斜相對，兩臂微屈撐圓；隨即內氣先上旋，再下沉丹田；左腳向前邁出一步，右腳跟至左腳內側虛提，兩腿屈膝半蹲；同時，兩掌外旋向左右兩側分開畫弧至膝下圈抱，左掌在裏，右掌在外，交叉成十字手狀，兩掌心斜朝裏；眼隨視兩掌。（圖155、圖156）

【要點】上掤雙臂撐圓，塌肩，有掤架之意，頭不能後仰望天；下圈好似搬物，屈膝下蹲，不可低頭。

圖155

圖156

第七十二式　右分腳

　　上動不停，內氣右旋，帶腰右轉；左腳用力蹬地起身，左腿微屈；右腿屈膝提起向右前（東南）上方迅速分腳；同時，兩掌內旋交叉向上、向左右兩側弧形分開，右掌隨腳迅速向前方展出，掌心朝下，指尖朝前；左掌向左前方迅速弧形展出，掌心朝下，指尖朝左

圖157

前方；眼神注視右腳及右掌，即轉向前平視。（圖157）

　　【要點】分腳時，身體中正，左腿不可挺直，鬆肩展臂不可伸直；右腳分出，要用腰的旋轉力，右腿略彎曲，鬆胯，勁貫右腳趾，手腳動作同時完成。

第七十三式　左高探馬

上動不停，內氣繼續右旋，右腿屈膝回收向右斜方（東南）邁出一步，屈膝半蹲，左腳跟至右腳內側併步虛提；同時，右掌外旋翻掌向下橫掌弧形收至腹前，掌心朝上；左掌外旋翻掌，向上經左耳根橫掌向前弧形迅速按出，掌心斜朝前，指尖朝右；眼神先顧右掌後顧左掌，即轉向前平視。（圖158）

【要點】同第六十七式右高探馬。

圖158

第七十四式　右如封似閉

動作和要點與第六十八式左如封似閉相同，唯左右動作相反，運動方向朝東南，參照圖144、圖145。

第七十五式　左右橫圈手

動作和要點與第六十九式左右橫圈手相同，唯左右動作相反，運動方向朝東南方，參照圖146～圖150。

第七十六式　左右劈掌

動作和要點與第七十式左右劈掌相同，唯手腳動作左右相反，運動方向朝東南方，參照圖151～圖154。

第七十七式　上挪下圈

動作和要點與第七十一式上挪下圈相同，參照圖155、

圖159　　　　　　圖160

圖156。

第七十八式　左分腳

上動不停，內氣左旋，帶腰左轉；右腳用力蹬地起身，右腿微屈；左腿屈膝提起向左斜前（東北）上方迅速分腳；同時，兩掌內旋交叉向上往左右兩側弧形分開，左掌隨腳迅速向前方展出，掌心朝下，指尖朝前；右掌向右前方迅速弧形展出，掌心朝下，指尖朝右前方；眼神注視左腳及左掌，即轉向前平視。（圖159）

【要點】同第七十二式右分腳。

第七十九式　掛樹蹬腳

①上動不停，內氣右旋，左腿屈膝收回；同時，兩掌經腹前向上圈抱，至胸前兩前臂搭成十字手，右掌心朝左，在左掌外，左掌心朝右，在右掌內；眼視雙掌。（圖160）

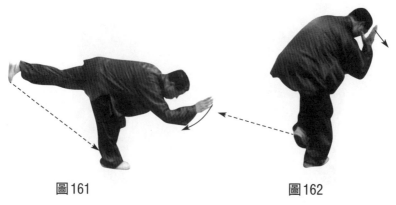

圖161   圖162

②內氣左旋,收臀團身;右腿屈膝下蹲,內氣右旋,上體向前俯,左腳迅速向後直蹬;同時,右掌向前立掌直穿,右臂屈伸;左掌下按於腹前,掌心朝蹬腳方向;眼視左腳。(圖161)

【要點】收腿團身蓄足氣,向後速蹬微展腰,穿掌蹬腳同時發力,右腿獨立屈膝降低勢架,動作既快又沉穩。

第八十式　睡羅漢

①上動不停,內氣繼續右旋,帶腰右轉成側臥狀;右腳向內碾轉,屈膝下蹲不變,左腿屈膝收回,團腰收臀;同時,右臂屈肘,右掌收於右耳側,掌心朝右耳;左掌收至右胸前,掌心朝下。(圖162)

②內氣向下旋蕩,左腳向後側鏟蹬,腰微展;同時,右掌略向下,左掌向蹬腳方向下按至腹前;眼神側視蹬腳方向。(圖163)

【要點】掛樹蹬腳之後速團身軀收腿,腰左轉要穩,

圖163　　　　　　　　　　圖164

身體側臥似睡覺的羅漢。腳蹬出要有彈力，迅速屈膝收回。

第八十一式　轉身左蹬腳

上動不停，內氣速向左旋，帶腰左轉；上身直立，左腿屈膝收回，又再向左側蹬出；同時，兩掌向胸前合抱交叉，左掌在裏，隨即雙掌內旋向左右兩側弧形分揮，掌心朝外，指尖朝上，略高於肩；眼視左前方。（圖164）

【要點】蹬腳與分掌同時發力，兩臂垂肘勿直，獨立站穩。上述四式動作連貫一氣，不停不斷，乾淨俐索。

第八十二式　左摟膝拗步

①上動不停，內氣右旋，帶腰微向右轉；左腿屈膝收回，提於襠前；同時，雙掌外旋向裏弧形掩合至胸前；掌心相對，兩臂垂肘，前臂豎立；眼神先注左掌，後顧右

圖165

圖166

掌。（圖165）

②內氣繼續右旋，帶腰右轉；右腿屈膝下蹲；左腳向左側落步，腳跟著地，隨即向外碾轉至腳尖朝正西落實；同時，左掌經右胸前弧形下摟至腹前，掌心朝下；右掌經左胸前弧形向下摟至腹前隨即外旋向右後上方弧形揮起，右臂屈肘收回，右掌置於右耳旁，掌心朝下；眼隨右掌而視。（圖166）

③內氣沿逆時針左旋，帶腰左轉，重心前移至左腿，左膝屈蹲，右腳跟至左腳內側虛提；同時，左掌弧形摟至左胯側，掌心朝下，指尖朝前；右掌由右耳側呈下弧形向前上方立掌按擊，掌心朝前，與胸同高，屈臂、鬆肩、垂肘，領指坐腕；隨即內氣右旋，帶腰向右微揉轉，右掌沿順時針方向揉一立圈；然後內氣向前旋蕩，右掌向前再次按出，左掌同時向下採按補氣發放；眼向前平視。（圖167）

【要點】同第十六式左摟膝拗步。

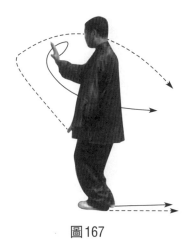

圖167

圖168

第八十三式　左托挒右摟膝拗步

動作和要點與第十七式左托挒右摟膝拗步相同，唯運動方向相反，參照圖53～圖56。

第八十四式　右托挒進步栽捶

①上動不停，內氣先右旋，帶腰右轉，左掌隨腰順時針方向畫立圈至掌心朝下時內氣左旋，帶腰左轉；右臂外旋翻掌向前上方弧形舉至身前，掌心朝上，指尖朝前，高與肩平，成托挒勢。（圖168）

②內氣繼續左旋，帶腰左轉；左腳後撤一步，腳尖朝東南，右腳隨至左腳內側虛提；兩掌隨轉體向左側移動，左掌外旋翻掌向左下弧形移至小腹前，右掌內旋弧形移至左胸前，掌心朝下；隨即內氣右旋，帶腰右轉；右腳向前（西）弧形搬步，腳尖朝西北，重心移至右腿，左腳跟提

圖169

圖170

起；同時，左掌向左
上、向右上托，經面前
移至胸前，掌心朝下；
右掌外旋翻掌下移至腹
前，掌心朝上，兩掌心
相對成抱球狀；眼向前
平視。（圖169、圖
170）

③內氣左旋，左腳
向左前方上步，腳跟著
地，右腿屈蹲；同時，

圖171

右掌經右後向上弧形揮至右後上方變拳，左掌經右胸前弧
形摟至腹前；眼神顧右掌。（圖171）

④內氣繼續左旋，帶腰左轉；左前腳掌落地，身體重
心迅速移至左腿，右腳跟至左腳內側併步，兩腿屈膝半

圖172

圖173

蹲；內氣經下腹迅速向上捲起，帶腰收臀團身；同時，右拳經頭右側由右肩前向前下方直栽至膝前，拳面朝下，左掌合扶於右腕側；眼視右拳栽擊處。（圖172）

【要點】左右托挒意要真，轉身換步輕靈圓活，栽捶有彈力，到位時加速，勁達拳面，肩鬆，頭領，身體中正；下蹲時收臀團身，發力時內氣下沉。

第八十五式　倒步撩陰捶

① 上動不停，內氣突然下沉，帶腰向下略放長；同時，右拳勾腕以拳背猛地向上提擊，拳與肩同高；左掌向下按力。（圖173）

② 內氣突然向上捲起，帶腰團合收尾骨；右拳外旋立肘於胸前向下迅速頓肘，左掌沿著右臂外側呈弧形向上挑；內氣順時針方向右旋，帶腰右轉；右腳提起經左腳後向左側插步，左腳向內碾扣，腳尖朝北，身體向右後轉；

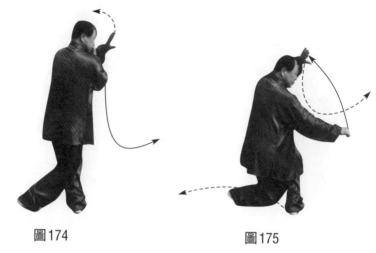

圖174 　　　　　　　　　圖175

同時，右肘向後外側收回，左掌內旋經右脅沿著右臂外側弧形上挑。（圖174）

③內氣向下旋轉，隨之兩腿屈膝下蹲，內氣由下向前上翻捲；同時，左掌繼續上挑至頭左上角，掌心朝外，指尖右斜上；右拳以右肘為圓心，弧形內旋下行經膝前向右側前下方，以拳背旋腕撩擊，與襠同高，拳心朝下，拳眼朝內，右臂屈曲伸展；眼神隨視右拳。（圖175）

【要點】轉體下蹲快捷，旋腕上挑撩陰，與前一式的栽捶、提腕、頓肘連貫順遂，陰陽頓挫；以內氣上下翻滾帶動腰身，腰身帶四肢。鬆肩、沉肘，挑腕迅速，頭有上領之意，身體中正。

第八十六式　退步扇通背

上動不停，內氣由前上向後下旋，帶身稍升起，重心移至右腿，左腳向後退步，隨之重心移至左腿，右腳收回

圖176

圖177

腳跟提起，兩腿屈膝下坐，成右虛步；同時，右拳變掌內旋向上掤架至頭前上方，屈肘沉肩，掌心朝外，拇指朝下；左掌向下由胸前向正前方側立掌弧形按出；眼視正前方。（圖176）

【要點】起身穩，退步靈活，兩腳站小虛步，上架和向前按掌同時消肩發力，兩臂屈曲勿伸直。

第八十七式　白蛇吐信

①上動不停，內氣向左下方旋蕩，帶腰向左微轉團身收臀；右腳向前上步，左腳跟進至右腳內側虛提；右掌橫掌弧形向下按至腹前，左掌外旋收回至左脅側，掌心朝上；眼視前方。（圖177）

②內氣突然向右前旋蕩，帶腰右轉；左腳向前上步，左腿屈膝半蹲，右腳跟進至左腳內側虛提；同時，右掌繼續稍許下按，左掌從右掌背上方向前仰掌弧形穿出，掌指

圖178

圖179

朝前，略低於肩，與胸脅齊；右掌橫掌按在左肘下；眼視插掌前方。（圖178）

【要點】向下按掌用內勁，肩鬆沉，仰掌前插如蛇吐信，肘需屈有彈性，腋要虛，勿夾力，領頭拔背身中正。進退輕靈，收合縱放，陰陽變化，順暢無滯。內氣滾旋折疊，如九曲珠，內外協調一致（穿掌有高有低，因需而變）。

第八十八式　左右搬攔捶

①上動不停，內氣右旋，帶腰右轉；右腳向右後方退步，屈膝半蹲，左腳退經右腳內側向左前方弧形搬步；同時，左掌內扣變拳向右側下方弧形掛回至右腹前，拳心朝下，右掌隨左拳同動，相對成抱勢；隨即內氣由右側向左側斜向旋轉，帶腰向左揉轉；兩手繼續經右下方弧形向上搬掛，左拳經胸向前反背劈打，拳背朝前，拳面朝上，右掌揮至右胸前，掌心與左拳心相對；眼視左拳。（圖179）

圖180

圖181

② 內氣左旋，帶腰左轉；左腳向外碾轉45°，身體重心前移至左腿，左膝屈蹲；右腳跟提起，腳尖著地；內氣從左下往右前上方迅速旋蕩，帶腰加速轉動；左拳弧形拉回至胸前；右掌迅速向前弧形按出，鬆肩垂肘，坐腕領指，掌心朝前，指尖朝上，高與肩平；目視按掌前方（右掌向前按出快到終點時，內氣迅速沉入丹田，隨之右掌迅速按達，身體重心完全移至左腿，右腳尖虛著地無支撐力）。（圖180）

③ 內氣順時針斜向旋蕩一小圈，帶腰隨之揉轉；右掌順時針方向揉一斜平圈，隨即右掌變拳內旋，兩手經左側下方弧形向上搬掛，右拳外旋經胸前反背向前劈打，拳面朝上，拳心朝臉，高與肩平；左掌內扣揮至左胸前，掌心斜對右拳心；同時，右腳呈弧形向前搬步，腳跟先著地，腳尖外展45°；眼隨視右手，即轉視前方。（圖181）

④ 內氣向右斜下方旋轉，帶腰向右揉轉；身體重心前

圖182　　　　　　　　　　圖183

移至右腿，兩膝屈蹲，左腳跟提起，腳尖虛著地；同時，右拳弧形抽回至右脅前；左掌迅速向前弧形按出，鬆肩垂肘，坐腕領指（按出快到終點時內氣加速旋轉沉入丹田，隨之左掌迅速塌按發力，身體重心完全移到右腿）；眼視前方。（圖182）

⑤內氣逆時針向左旋轉一小圈，帶腰向左揉轉，左掌稍內扣放平成斜橫掌逆時針方向畫平圈；內氣向前旋蕩，左腳向前邁出一步，屈膝半蹲，右腳跟至左腳內側虛提；同時，右拳內旋立拳向前迅速打出，此時左掌正好畫完圈，輕扶在右腕內側；眼向前平視。（圖183）

【要點】左右搬攔緊相連，靈活圓轉氣騰然，搬走讓中需中正，按掌加速似蕩船，提掌揉腰畫小圈，隨即進捶打中間，沉肩垂肘鬆腰胯，發勁瞬間梢節緊。

圖184

圖185

第八十九式 上掤下圈

動作和要點與第七十一式上掤下圈相同，唯運動方向朝東，參照圖155、圖156。

第九十式 右蹬腳

① 上動不停，內氣由下向左上方旋轉，身體重心左移，左腳蹬地起身，左腿屈膝獨立，右腿屈膝提起；同時，雙掌下圈抄起，左臂在外，前臂交叉成十字手，隨身體直起移至胸前，掌心朝內，指尖斜朝上；眼神注視雙掌前。（圖184）

② 內氣順時針向右旋轉，帶腰右轉；右腳跟著力向右側東南方向蹬出；同時，雙掌內旋向左右兩側弧形分開，立掌，掌心向外，指尖朝上，右掌與右腿上下相對；眼隨視右掌動作，即轉視右側。（圖185）

【要點】蹬腳分掌同時發力，獨立腿微屈，不可挺直，身體直立中正，臀要收，右蹬腳與胯同高即可，不可求漂亮蹬得越高越好。兩臂屈伸，鬆肩垂肘，不可挺直。

圖186

第九十一式　二起腳

上動不停，內氣下沉，隨之身體向下微沉，右腳蹬完未落地，突然內氣上提，帶身向上悠縱，左腳用力蹬地向右側踢至胸高；同時，左掌由左側經腹前向右上方弧形移與右掌平齊，雙掌心朝下拍打左腳面，上身微前合，隨之右腳下落於地，屈膝站穩；眼視前方。（圖186）

【要點】二起腳踢起，要有爆發力，身向上縱跳，必先收縮蓄氣蓄力，獨立腿屈膝增加彈性。二起腳要先屈右腿後直伸做彈踢。

第九十二式　左打虎勢

①上動不停，內氣逆時針向左斜下方旋轉，帶腰左轉；左腳向左後方撤步，身體左轉向北，右腳跟至左腳內側虛提；同時，雙掌順勢向左下捋捌至腹前，外旋翻掌使掌心朝上；眼視雙掌前。（圖187、圖187附圖）。

②內氣逆時針右旋，帶腰微揉轉；隨之右腳向後退步，屈膝半蹲，左腳抽回至右腳內側虛提，雙掌回收至小

圖187

圖187附圖

腹前；內氣左旋，帶腰微向左轉；同
時，左腳向前邁一步，屈膝半蹲，右腳
跟至左腳內側虛提；同時，兩臂屈肘，
兩掌後收隨之握拳內扣，向左右兩側弧
形分至肩寬，左拳弧形上抬至頭高，右
拳弧形收至右脅前；隨即內氣右旋，帶
腰右轉；兩臂屈肘，用拳面向中間合
擊，左拳心朝外，右拳心朝下；眼神注
左拳，即轉視右前方。（圖188）

圖188

　　【要點】進退順暢無停滯，右拳向
左脅下打，左拳擊頭用腰帶，進步合擊
屈膝蹲，鬆肩領頭身中正。

第九十三式　左掤扇通背

①　上動不停，內氣由前下向後上順時針立圈旋轉，帶

圖189

圖190

腰向後略收，收臀；右腳向後退一步，左腳抽回至右腳內側虛提；同時，左拳變掌，前臂外旋向中掩合，屈肘下收至左脅前，掌心朝右，掌側立；右拳變掌向上弧形挑架至胸高；眼平視前方。（圖189）

②內氣由後上經前下向後上立圈轉動，放直尾閭下沉，腰微右轉；左腳向前上一步，右腳跟進至左腳內側虛提，雙腿屈膝半蹲；同時，右前臂內旋繼續向上弧形架起至頭右側，指尖斜朝前上，掌心朝外；左掌向前側立掌弧形推按，與肩同高；眼視左掌前方。（圖190）

【要點】退步下收左掌要合腰圍身，進步扇通背時要向下放直尾閭，切勿翹臀。右掌緊貼在左前臂外側向上架，不可遠離，遠離則姿勢渙散，且要求前臂斜立。身體中正，垂肩墜肘，頭頂領起。

圖191

圖192

第九十四式　白蛇吐信

①上動不停，內氣逆時針方向原路返回，帶腰團身收臀微左轉；右腳退步，右腿屈膝半蹲，左腳隨至右腳內側虛提；同時，左掌外旋，屈肘回收至左脅際，掌心朝上；右掌橫掌向左側弧形下蓋至左掌前，掌心朝下；目視左前方。（圖191）

②內氣繼續逆時針立圈旋動，隨之尾閭放直；左腳向左前方上步，左腿屈膝下蹲；右腳跟至左腳內側虛提；同時，右掌向下沉按，左掌從右掌背上邊向前斜上方弧形插出，右掌按於左肘下；眼視左掌前方。（圖192）

【要點】同八十七式白蛇吐信。

第九十五式　捋挒右打虎勢

①上動不停，內氣順時針方向平旋，帶腰向右微轉上

圖193 圖194

體揉一個小圈；左掌內旋變掌心斜朝前下向前伸，腰帶左掌順時針方向畫一小斜立圈；右掌隨之移至左肘內側，掌心斜朝外；目視左掌。（圖193）

②內氣繼續順時針平旋，帶腰向右後轉體180°，面朝南；右腳後退一步，左腳隨至右腳內側虛提；同時，雙掌向右後下方弧形捋捌，隨即兩掌外旋，掌心朝上，屈肘向小腹前抽回；眼隨視兩掌。（圖194）

③以下動作和要點與第九十二式左打虎勢中的（2）相同，唯手腳動作左右相反，參照圖188。

【要點】同第九十二式左打虎勢。

第九十六式　右搯扇通背

動作和要點與第九十三式左搯扇通背相同，唯手腳動作左右相反，運動方向朝東南，參照圖189、圖190。

圖195

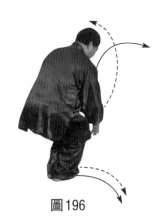

圖196

第九十七式　白蛇吐信

動作和要點與第九十四式白蛇吐信相同，唯手腳動作左右相反，運動方向朝東南，參照圖191、圖192。

第九十八式　引海底針

① 上動不停，內氣逆時針左旋，帶腰左轉；同時，右臂屈肘向左微收，掌指斜朝右上；左掌在右肘下方不變；眼視右掌。（圖195）

② 左腳向左側上步，右腳跟進至左腳內側虛提，內氣內旋，鬆腰收臀，雙腿屈膝下蹲；同時，右掌隨勢經頭右側過右胸往下引墜至左小腿前，掌心朝左，指尖朝斜下；左掌隨勢移至右前臂內側腕處，掌心朝下；眼視右掌。（圖196）

【要點】右掌向上時有引拔之勁，動作迅速，兩掌下

墜時同時發力，如千斤墜地。往下蹲時收臀勿前俯，保持中正。

第九十九式　上搠下圈

①上動不停，內氣向右上旋，帶身升起腰右轉；右腳向右後斜方邁一步，屈膝蹲身，左腳隨至右腳內側，似落非落，似停非停；同時，雙掌內旋弧形上移，經臉前向左右兩側分劈，掌心朝外，屈肘撐圓，欲劈未展；目視右側欲劈處。

②以下動作和要點與第七十一式上搠下圈相同，唯方向面朝北，參照圖155、圖156。

第一○○式　右蹬腳

動作和要點與第九十式相同，唯腳蹬出的方向朝正東方，參照圖184、圖185。

第一○一式　雙峰貫耳

（1）上動不停，內氣右旋，帶腰右轉；右腿屈提，右腳向右後方落步，左腳收至右腳內側虛提；同時，雙掌外旋變掌心朝上向裏相並平行；內氣由前上向後下方旋轉，帶腰向右後方轉體，面朝東南，兩掌隨轉體向右後方捋挒；左腳向後退一步，右腳抽回至左腳內側虛提；隨即兩臂屈肘，兩掌弧形收經小腹前向左右兩側弧形分至胯前；眼隨掌動而視，即轉視前方。（圖197、圖198）

② 內氣由後下沿逆時針向前上旋轉，右腳向前上一步，左腳跟至右腳內側虛提；同時，兩掌握拳內扣，經左

圖197

圖198

右兩側弧形向前上方合擊，拳面
相對，拳心朝外，相距20公分
左右；內氣下沉，屈膝半蹲；目
視兩拳前方。（圖199）

　　【要點】兩掌斜向弧形回收
要有挒捌勁，化開進步雙拳貫耳
合擊，沉肩含胸，在發力的瞬間
內氣沉入丹田，同時收臀下蹲。

第一〇二式　上掤下圈

圖199

　　上動不停，內氣順時針方向
返回後下方，隨之帶身向後；左腳後退一步，右腳抽回至
左腳內側虛提；同時，兩拳變掌內旋上掤，隨即向左右兩
側弧形分開。（圖200）

　　後面動作和要點與第七十一式上掤下圈相同，唯動作

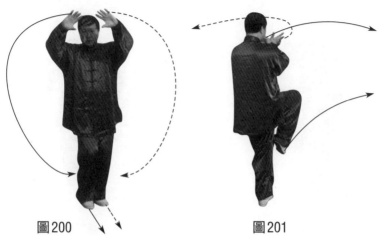

圖200   圖201

方向面朝正南方，參照圖155、圖156。

第一〇三式　左蹬腳

動作和要點與第九十式的右蹬腳相同，唯左右動作相反，站位面朝南，提左腳向左側（即東方）蹬出，參照圖184、圖185。

第一〇四式　轉身右蹬腳

① 上動不停，內氣順時針右轉，帶腰向右後轉體180°，面朝北；左腳隨轉體向右側扣步，屈膝下蹲，右腿屈膝提起；同時，兩掌向左右分開外旋弧形向下抄經小腹前，兩前臂交叉，搭成十字手狀向胸前架起，左掌在外，右掌在裏，掌心向裏，指尖朝兩側斜上方；眼隨視右掌，即轉視雙掌前。（圖201）

② 內氣繼續順時針右旋，右腳跟著力向右側蹬出，與

圖202

圖203

胯同高；同時，雙掌內旋，變掌心朝外向左右兩側弧形分擊，右掌與右腿上下相對；目轉視右側前方。（圖202）

【要點】轉身快捷，乾淨俐索，手腳同時發力，獨立站穩，身不偏不倚，鬆肩垂肘，頭頂上領，蹬腳時內氣下沉。

第一〇五式　連珠掌

① 上動不停，內氣向右斜下方逆時針旋轉，帶腰向右揉轉，身體轉向正東；右腳下落成小虛步，左膝屈蹲，身體重心坐於左腿；同時，右臂外旋微收肘，左掌外旋，與右掌斜向相照，隨之左掌經頭左側向右掌處迅速坐腕弧形按出，右掌迅速抽回至胸前，兩掌心斜相對；目視左掌前。（圖203）

② 內氣逆時針由右下斜向左前揉旋，帶腰向左揉轉；同時，左掌外旋向下、右掌內旋向上，掌心斜對似揉球

圖204　　　　　　　　　　圖205

狀；隨即右掌迅速向前弧形按出，沉肩坐腕，左掌弧形迅速抽至胸前，兩掌心斜相對；目視按擊前方。（圖204）

③內氣由左前斜經左後上翻斜向右前揉旋，帶腰向右揉轉；同時，右掌外旋向下、左掌內旋向上，掌心斜對似揉小球狀；隨即左掌弧形迅速向前弧形按出，沉肩坐腕，右掌弧形迅速抽至胸前，兩掌心斜相照；目視按擊前方。（圖205）

【要點】同第三十八式連珠掌。

第一○六式　倒步撩陰捶

上動不停，內氣向右後逆時針旋轉，帶腰向右後方轉；右腳隨之向後退步，腳尖斜向西南，左腳跟至右腳內側虛提，雙膝屈蹲；同時，右掌握拳，用拳背順勢弧形向後挑腕撩擊，拳背朝上，與襠同高；左掌隨右拳向右弧形扶於右肘內側；眼視右拳前方。（圖206）

圖206

圖207

【要點】動作順暢靈活，撩陰時需旋腕上挑，發勁冷脆，沉肩墜肘，臂屈勿伸直，身體中正。

第一○七式　反摟膝

① 上動不停，內氣逆時針左旋，帶腰左轉；左腳向後方退步，腳尖朝東南；同時，左掌順勢向左膝前弧形後摟；右拳變掌外旋，掌心朝上；目視右掌。（圖207）

圖208

② 內氣繼續左旋，帶腰左轉；右腳收經左腳內側，再向後退回一步，左腳隨之抽至右腳內側虛提，轉體正東；同時，左掌向左胯外側弧形上收至左脅前；右臂屈肘捲肱上舉，右掌經頭右側向左前方橫掌蓋壓至小腹前，掌心朝下，指尖朝左；眼隨視右掌，即轉視前方。（圖208）

175

【要點】進退轉體輕靈順暢，無停無滯，半蹲要收臀，身體中正，摟膝時沉肩隨勢轉摟，退步蓋掌沉肩領頭。

第一〇八式　白蛇吐信

上動不停，內氣由左前上方向下經後向上翻轉，隨之收臀合腰；左腳向前上步，腳尖朝東，右腳跟至左腳內側虛提；隨即內氣向左前方旋蕩；右掌向下沉按，左掌由右

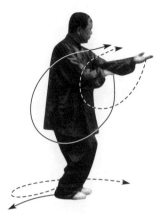

圖209

掌背上方向前上方仰掌（掌心朝上）插出，與肩同高，右掌收於左肘下；眼轉視左掌前。（圖209）

【要點】同第八十七式白蛇吐信。

第一〇九式　左右搬攔捶

動作和要點與第八十八式左右搬攔捶相同，參照圖179～圖183。

第一一〇式　如封似閉

動作和要點與第二十五式如封似閉相同，參照圖67～圖69。

第一一一式　十字手

動作和要點與第三十二式十字手相同，參照圖73～圖75。

176

第一一二式　抱虎歸山

動作和要點與第三十三式抱虎歸山相同，參照圖76～圖78。

第一一三式　斜攬雀尾

動作和要點與第三十四式斜攬雀尾相同，參照79～圖81以及第四式攬雀尾中（5）右掤、（6）右三環套月、（7）右掤、（8）左穿掌右纏捋、（9）車輪擠、（10）進步按中的圖17～圖25。

第一一四式　左右托捋

動作和要點與第五式左右托捋相同，參照圖26～圖28。

第一一五式　斜單鞭

動作和要點與第六式單鞭相同，唯最後左腳落向東南，面向東南方，參照圖29～圖33。

第一一六式　右斜單鞭

動作和要點與第六十二式回身右單鞭相同，唯運動方向朝西北方，參照圖133、圖134和圖29～圖33。

第一一七式　左野馬分鬃

①上動不停，內氣逆時針左旋，帶腰微向左揉轉；左腳向左側開步，腳尖朝西南，屈膝半蹲，右腳跟至左腳內

圖210

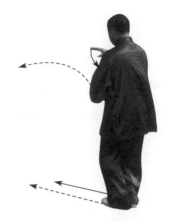

圖211

側虛提；同時，左勾內旋變掌心朝外，沿逆時針方向畫弧至左胸前，掌心朝下，指尖朝右前方；右掌外旋變掌心向上向右下沿順時針方向畫弧經腹前向左弧形移至左脅前，指尖朝左，兩掌心上下相對，成抱球狀；眼隨左掌而視。（圖210）

②內氣順時針向右後下方旋，帶腰向右揉轉；右腳向右側邁步，腳尖朝西北方，右腿屈膝半蹲，左腳跟至右腳內側虛提；同時，右掌向右側抬起隨之內扣變掌心朝下弧形移至胸前，與肩同高；左掌外旋變掌心朝上弧形向下，隨腰右轉抄抱至腹前，兩掌心相對，成抱球狀；轉體正好面向西北方向；眼隨右掌而視。（圖211）

③內氣從右後下方向左前上方旋轉，帶腰向左揉轉；左腳向左前方邁一大步，腳尖朝西，右腳跟至左腳內側併步虛提，兩腿屈蹲；同時，腰帶左臂向左上（西南方）弧形揮展發力，掌心朝上，指尖朝西；右掌向右側下方弧形

圖212

圖213

将採按於右胯外側，指尖朝西；眼隨左掌而視。（圖212）

　　【要點】左右抱球過程是捋挒。轉體揉翻內勁不斷，動作連貫順暢，內氣翻滾如浪捲，屈臂圓撐，鬆肩領頭。分鬃站正方打斜方，揮臂斜分用腰帶，挒揮到位突發力，同時屈膝半蹲，氣沉丹田，周身協調一致瞬間完成。

第一一八式　右穿天掌

　　① 上動不停，內氣順時針右旋，帶腰右轉；右腳向右後退回一小步，腳尖朝西南，左腳抽回右腳內側虛提；同時，左掌順時針向右下方經右小腹前向左畫圈至左胯外側；右掌經腹前向左斜上方順時針畫斜圈至右前方，掌心朝下，與肩同高，兩掌在身前做揉球狀；眼隨視左掌。（圖213）

　　② 內氣由左下向上經右上向下立圈旋轉；左腳向前方（西南方）邁一大步，腳尖朝西南，右腳跟進至左腳內側

圖214

圖215

併步，兩腿屈膝全蹲，團身收臀；同時，左掌經左側向上弧形移至肩高時內扣向胸前蓋掌，掌心朝下，指尖朝右；右掌經右側轉腕外旋弧形向前下經小腿前抄起，掌心朝上，指尖朝左；眼視前下方。（圖214）

③內氣上旋，身體向上升起，屈膝半蹲；左掌繼續向下蓋掌至胸口前，右掌指朝上經腹前、胸前由左臂內側往上穿至口前；隨即內氣向上加速旋轉，右掌內旋快速從面前上穿，掌心朝前舉於頭前上方，左掌快速向下按至小腹前；目視前方。（圖215）

【要點】抄抱上步要大，動作快捷，團身收臀，不可前俯失重；上穿發勁突然猛烈，內氣加速上旋必須領頭鬆腰，放直尾閭，兩掌同時發力，內外一致，動作有疾有緩，順暢連貫。

圖216

第一一九式 右野馬分鬃

①上動不停，內氣稍緩經右下左旋（疾速的動作過後突然變緩）；收臀團身，腰微右轉又向左揉；左腳向左開一小步，腳尖朝西南，左腿屈膝半蹲，右腳跟至左腳內側虛提；同時，左掌經左側向前上畫圈抱至胸前，掌心朝下，指尖朝右；右掌經右側前向下隨之外旋轉腕，弧形收至小腹前，掌心朝上，指尖朝左，兩掌心相對，成抱球狀；眼隨右掌而視。（圖216）

②以下動作和要點與第一一七式左野馬分鬃（3）相同，唯手腳動作左右相反，運動方向朝西北方，參照圖212。

【要點】同第一一七式左野馬分鬃。

第一二〇式　左穿天掌

動作和要點與第一一八式右穿天掌相同，唯手腳動作左右相反，運動方向朝西北方，參照圖213～圖215。

第一二一式　左野馬分鬃

①上動不停，內氣由上往下先左後再往右斜上旋，帶腰揉轉團身；右腳向右後退一步，左腳隨至右腳內側似落非落，似停非停；同時，左掌外旋弧形向下抄抱至腹前，掌心朝上；右掌弧形向上圈抱至胸前，掌心朝下，兩掌上下相對成抱球狀；目視左側。

②以下動作和要點與第一一七式左野馬分鬃相同，運動方向朝西南方，參照圖211～圖212。

182

第一二二式　右穿天掌

動作和要點與第一一八式右穿天掌相同，參照圖213～圖215。

第一二三式　右野馬分鬃

動作和要點與第一一九式右野馬分鬃相同，參照圖216以及第一一七式左野馬分鬃（3）相同，唯手腳動作左右相反，運動方向朝西北，參照圖212。

第一二四式　左穿天掌

動作和要點與第一一八式右穿天掌相同，唯手腳動作左右相反，運動方向朝西北方，參照圖213～圖215。

圖217

圖218

第一二五式　攬雀尾

①上動不停，內氣稍緩經左繞後向右旋，帶腰先左微揉後右揉，收臀團身；右腳向右開一小步，腳尖朝西北，右腿屈膝半蹲，左腳跟至右腳內側虛提；同時，左掌經左前向下弧形抄抱至腹前，掌心朝上，右掌經右側向前上弧形圈抱至胸前，掌心朝下，指尖朝左，兩掌相對成抱球狀；眼視右掌。（圖217、圖218）

②以下（1）左掤，（2）左三環套月，（3）左掤，（4）托挒，（5）右掤，（6）右三環套月，（7）右掤，（8）左穿掌右纏挒，（9）車輪擠，（10）進步按，共10個，其動作和要點與第四式攬雀尾動作相同，參照圖10～圖25。

第一二六式　左右托抨

動作和要點與第五式左右托抨相同，參照圖26～圖28。

第一二七式　左單鞭

動作和要點與第六式單鞭相同，參照圖29～圖33。

第一二八式　右單鞭

動作和要點與第六十二式回身右單鞭相同，參照圖133、圖134以及第六式單鞭相同，唯手腳動作左右相反，運動方向朝西，參照圖29～圖33。

第一二九式　右玉女穿梭

① 上動不停，內氣左旋，帶腰左轉；左腳向左橫開一步，腳尖朝東南，右腳隨至左腳內側虛提，兩膝屈蹲；同時，左勾變掌向外旋腕，掌心斜向外向左弧形捌抨，與肩同高，肘屈垂；右掌向下外旋勾腕，掌心朝裏，指尖朝左，經腹前向左弧形抄抱於左脅前，與左掌相對，成抱球狀；眼視左掌。（圖219）

② 內氣右旋，帶腰右轉；右腳向右側邁一步，腳尖朝西，左腳隨至右腳內側虛提，兩膝屈蹲；同

圖219

圖220

圖221

時，右掌上移至胸前時內旋掌心朝外向右弧形捋挒至右胸前，與肩同高，掌心朝下；左掌外旋向下經腹前向右脅前弧形抄抱；眼視右掌。（圖220）

③內氣繼續右旋，帶腰繼續右轉；左臂向上平抬至胸高，右肘向後拉，兩掌心前後相對；隨即內氣左旋，帶腰左轉；左腳向左前方（西南方）邁一步，右腳跟至左腳內側虛提，兩膝屈蹲；同時，左掌向左前方掤起，右掌與左掌相對向前推，兩臂撐圓，左掌立起，掌心朝裏，與右掌心相對逆時針向左畫平圈至左胸前；眼視雙掌前。（圖221）

④內氣右旋，帶腰右轉；右腳向後撤一步，左腳抽回至右腳內側虛提；同時，雙掌隨腰向右揉轉，左掌變掌心朝右，與肩同高，右掌變心朝下在右胸前；眼視雙掌。（圖222）

⑤內氣左旋，帶腰左轉；左腳向前上步，右腳隨至左腳內側併步虛提，兩腿屈膝半蹲；同時，右肘向後稍拉上

圖222

圖223

186

移；左掌內旋放平順時針畫一立圈向上掤架至頭左前上方，左臂圓撐，掌心朝外，指尖斜朝右上方；右掌向前呈下弧形按出發力，鬆肩垂肘向前屈伸，與肩同高，掌心朝前，掌指朝上；眼隨視右掌，即轉視前方。（圖223）

【要點】左右挒捋抱球垂肩墜肘，圓活輕靈，左掤平圈要轉圓。上穿梭掤架前臂要斜撐內旋，肘要圈圓，右掌隨著內氣旋蕩向前按擊發力。

第一三○式　下穿梭

①上動不停，內氣逆時針由左向右上方旋轉，帶腰向右上揉轉；右腳向後退一步，左腳抽回至右腳內側虛提；同時，左掌向外旋腕順時針畫一小圈，掌心朝上，托於左前；右掌逆時針畫一小圈，向右後上方捋，掌心朝外，舉於頭右側；眼隨視雙掌，即轉視前方。（圖224）

②內氣左旋，帶腰左轉；左腳向前（西南方）邁一大

圖224

圖225

步，腳尖朝西北，左腿屈膝下蹲；右腳由左腿後向左側插步，屈膝下坐；同時，左掌內旋順時針向下、向前上畫圈架起，舉於頭前上方，掌心朝外，指尖朝右；右掌外旋向下經腹前向左胯下穿插，指尖朝前下方，掌心朝左；眼視左前下方。（圖225）

【要點】動作快捷，插掌發力，旋臂掤架要撐圓，肩要鬆，插步勢架要低。

第一三一式　翻身大捋

① 上動不停，內氣逆時針由左下向右上方旋轉，帶腰右轉；右腳向右前方（東北方）搬步，腳尖外展；同時，右掌內旋，左掌外旋，掌心朝下，隨轉腰搬步向下經左側向上弧形捋起；眼視雙掌。（圖226）

② 內氣突然向下滾旋，疾收左腿屈膝上提，右腳碾轉迅速向右後翻身360°，右腿屈膝獨立，面朝西南方，收臀

圖226

圖227

團身;同時,雙掌隨翻身向上捋過頭部又疾速向下捋至兩胯側,掌心朝下,掌指朝前;眼隨視雙掌,即轉視前下方。(圖227)

【要點】翻身疾快平穩,捋勁不斷,獨立腿屈膝下蹲,收臀團身,沉肩、領頭、氣下沉。

第一三二式　簸箕掌

圖228

上動不停,內氣由後下沿順時針向前上方旋捲;左腳迅速向前邁一大步,腳尖朝西南,右腳疾隨至左腳內側併步,雙腿屈膝全蹲;同時,雙掌指尖朝前呈下弧形向前下方像用簸箕撮土似的撮起,距地面約30公分,指尖朝前上方,掌心朝下;眼視雙掌。(圖228)

【要點】簸箕掌發上撥之力,如浪上捲,整勁不斷,

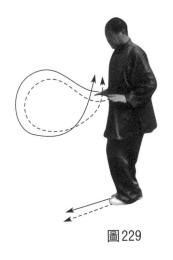

圖229

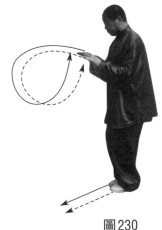

圖230

全蹲勢架低，收臀團身，沉肩垂肘，內氣在腹中悠蕩。

第一三三式　轆轤勢（三個）

①上動不停，內氣逆時針經前下向後上旋轉，帶腰向後揉抽；右腳迅速後撤起身，屈膝半蹲，收臀團身，左腳隨之抽回至右腳內側略靠前一點虛提；同時，雙掌向後弧形收上提至兩脅前，掌心朝下，指尖朝前；眼視前方。（圖229）

②內氣繼續逆時針旋轉一圈，帶腰（像槐蟲行走一般）向前揉伸隨之向後揉收；左腳向前上步，右腳緊隨至左腳內側踏實，左腳微虛；同時，雙掌逆時針向前搖一立圈，形如轆轤絞繩；眼視前方。（圖230）

③內氣逆時針旋轉一圈，腰、腳、手同時重複上述動作，第二圈較第一圈搖得略小一點，參照圖231。

④內氣加速沿逆時針由下往前上旋轉一小圈，帶腰像

圖231

圖232

槐蟲前行一樣揉一小圈；左腳迅速上步，右腳疾隨至左腳內側併步，屈膝半蹲，收臀團身；同時，雙掌疾快逆時針搖一小圈，掌指朝前上方，掌心朝前，與肩同高；眼視前方。（圖232）

【要點】連做3個，一圈比一圈小，一圈比一圈快，到第三圈時，內氣由腹前上方直接再往上採轉一小圈。三圈勁力不斷，氣動帶腰發整勁，內外一致，充分體現快中快的疾搖按手法。

第一三四式　簸箕掌

① 上動不停，內氣順時針旋轉一立圈，帶腰向後抽；右腳向後撤一步，屈膝半蹲，收臀團身，左腳隨之抽回至右腳內側稍靠前一點虛提；同時，雙掌弧形上抬至肩前向下分採按至小腹兩側，掌心朝下，指尖朝前；眼視前下方。（圖233）

圖233　　　　　　　　圖234

② 內氣順時針向前上方旋捲；左腳迅速向前（西南方）邁一大步，右腳疾隨至左腳內側併步，雙腿屈膝全蹲；同時，雙掌指朝前，呈下弧形向前下方像用簸箕撮土似的撮起，距地面約30公分，掌心朝下，指尖朝前上方；收臀團身，沉肩垂肘；目視雙掌前。（圖234）

【要點】同第一三二式簸箕掌。

第一三五式　右玉女穿梭

① 上動不停，內氣右旋，帶腰右後轉；右腳向右後方（東北方）撤步，腳尖朝東北；同時，右掌由右胯外側隨上步轉體向後弧形撩起，掌背朝外；左掌外旋弧形向右抄抱；目視右掌前。（圖235）

圖235

②內氣繼續右旋，帶腰右轉；左腳收至右腳內側虛提；同時，左掌抄抱於身前向上抬至胸高，掌心斜朝後，掌指斜朝右上方；右肘上抬，右掌向上提挒經右胸前弧形向後下按至右腹側，與左掌心斜對；眼先顧右後顧左掌前。（圖226）

圖226

以下動作和要點與第一二九式右玉女穿梭中的第③④動相同，唯運動方向相反，參照圖221～圖223。

第一三六式　下穿梭

動作和要點與第一三〇式下穿梭相同，唯運動方向相反，參照圖224、圖225。

第一三七式　翻身大挒

動作和要點與第一三一式翻身大挒相同，唯運動方向相反，參照圖226、圖227。

第一三八式　簸箕掌

動作和要點與第一三二式簸箕掌相同，唯運動方向相反，參照圖228。

第一三九式　轆轤勢（三個）

動作和要點與第一三三式轆轤勢相同，唯運動方向相反，參照圖229～圖232。

第一四〇式　簸箕掌

動作和要點與第一三四式簸箕掌相同，唯運動方向相反，參照圖233、圖234。

第一四一式　左玉女穿梭

① 上動不停，內氣順時針左旋，帶腰左轉；隨之起身，右腳向東南方邁一大步，腳尖朝東南，左腳收至右腳內側虛提；同時，右掌內旋向右側弧形捋挒至右胸前，鬆肩垂肘，與肩同高，掌心斜朝右前下方，指尖斜朝前上方；左掌外旋隨著上步轉身向右小腹前弧形抄抱，掌心朝上，指尖朝右；眼視右掌。
（圖237）

② 內氣逆時針左轉，帶腰左轉；左腳向東北方邁步，右腳隨至左腳內側虛提；同時，左掌向上托至胸前時內旋，掌心斜朝外向左側弧形捋挒至左胸前，掌心朝下，與肩同高，垂肘圓臂；右掌外旋向下弧形抄抱於左腹側，掌心朝上，指尖朝左，與右掌心相對，成抱

圖237

193

球狀；眼先顧右後轉顧左掌。
（圖238）

　　以下③④動作和要點與第
一二九式右玉女穿梭中③④⑤
相同，唯手腳動作左右相反，
運動方向朝東南方，參照圖
221～圖223。

圖238

第一四二式　下穿梭

　　動作和要點與第一三〇式
下穿梭相同，唯手腳動作左右
相反，運動方向朝東南，參照圖224、圖225。

第一四三式　翻身大将

　　動作和要點與第一三一式翻身大将相同，唯手腳動作
左右相反，運動方向朝東南，參照圖226、圖227。

第一四四式　簸箕掌

　　動作和要點與第一三二式簸箕掌相同，唯右腳向前邁
步，左腳跟進，其餘相同，參照圖228。

第一四五式　轆轤勢（三個）

　　動作和要點與第一三三式轆轤勢相同，唯右腳向前邁
步，左腳跟進，其餘相同，參照圖229～圖232。

第一四六式　簸箕掌

動作和要點與第一三四式簸箕掌相同，唯右腳向前邁步，左腳跟進，其餘相同，參照圖233、圖234。

第一四七式　左玉女穿梭

動作和要點與第一四一式左玉女穿梭相同，唯右腳向西北方向邁步，轉體180°，由面向東南變成面向西北，其餘動作和要點相同，參照圖237、圖238以及第一二九式右玉女穿梭中③④⑤動相同，唯手腳動作左右相反，運動方向朝西北，參照圖221～圖223。

第一四八式　下穿梭

動作和要點同一三〇式下穿梭相同，唯手腳動作左右相反，運動方向朝西北，參照圖224、圖225。

第一四九式　翻身大将

動作和要點與第一三一式翻身大将相同，唯手腳動作左右相反，運動方向朝西北，參照圖226、圖227。

第一五〇式　簸箕掌

動作和要點與第一三二式簸箕掌相同，唯運動方向相反，朝西北，參照圖228。

第一五一式　轆轤勢（三個）

動作和要點與第一三三式轆轤勢相同，唯運動方向朝

西北,參照圖229～圖232。

第一五二式　簸箕掌

動作和要點與第一三四式簸箕掌相同,唯運動方向朝西北,參照圖233、圖234。

第一五三式　攬雀尾

上動不停,內氣左旋,帶腰左轉;左腳向左後方（正南）上步,腳尖朝西南方向,屈膝半蹲;左掌內旋變掌心向外,隨轉體上步向左側弧形挒捋,掌與肩平;右掌外旋變掌心向上向左小腹前弧形抄抱;隨即內氣右旋,帶腰右轉;右腳向右（正北）退一步,左腳抽回至右腳內側,兩膝屈蹲;同時,右掌向上穿至胸前時內旋變掌心朝外向右側弧形挒捋至右胸前,掌心朝下,指尖朝左;左掌向左下捋挒,變掌心朝上向右小腹前弧形抄抱,掌心朝上,指尖朝右,與右掌上下相對,成抱球狀;眼先隨視左掌,後視右掌。（圖239）

以下動作和要點與第四式攬雀尾中的（1）左掤、（2）左三環套月、（3）左掤、（4）托捋、（5）右掤、（6）右三環套月、（7）右掤、（8）左穿掌右纏捋、（9）車輪擠、（10）進步按動作相同,參照圖10～圖25。

第一五四式　左右托捋

動作和要點與第五式左右托捋相同,參照圖26～圖28。

圖239

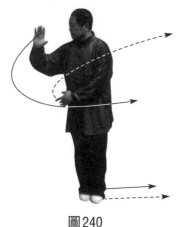

圖240

第一五五式　單　鞭

動作和要點與第六式單鞭相同，參照圖29～圖33。

第一五六式　左右雲手（一）

①上動不停，內氣向右旋蕩，帶腰向右揉轉；右腳向右橫開一步，腳尖朝正南，右腿屈膝半蹲，左腳收至右腳內側虛提；同時，右勾手變掌向右側弧形捌劈，指尖朝上，掌心朝前，掌側立，鬆肩垂肘，臂屈曲伸展；左臂外旋由左前方弧形移至腹前，掌心朝裏，指尖朝右，臂屈伸；眼視右掌。（圖240）

②內氣向左旋蕩，帶腰左轉；左腳向左側橫開一大步，左腿屈膝半蹲，右腳收至左腳內側虛提；同時，左掌向上經臉前內旋成側立掌弧形向左側劈掌，腕同肩高，掌心朝外，指尖朝上，鬆肩垂肘，左臂屈曲伸展；右掌外旋

圖241   圖242

向下經右胯、小腹弧形移至左脅前，掌心朝上，指尖朝左；眼神先顧右掌後視左掌。（圖241）

　　③內氣突然逆時針由左經下向右立圈旋蕩，帶腰隨勢揉轉；右腳向右側橫開一小步，右腿屈膝半蹲，左腳收至右腳內側虛提；同時，左掌迅速外旋勾腕弧形向右插，掌心朝上；右掌迅速內旋，掌心朝下，左掌在上，兩掌背貼靠，隨即雙掌逆時針向右弧形悠蕩至右腋前，右臂抬平屈肘，右掌心朝下，指尖斜朝左；左掌心朝上，指尖朝右；眼視雙掌。（圖242）

　　④內氣繼續立圈向左旋蕩，帶腰隨勢向左揉轉；左腳向左側橫開一大步，左腿屈膝半蹲，右腳收至左腳內側虛提；雙掌繼續逆時針方向經臉前向左前方弧形移動，右掌心斜朝外，指尖朝左，抬臂與肩平，左掌心朝裏，指尖朝上，屈臂垂肘；隨即內氣逆時針由左經後向右平面旋蕩，帶腰隨勢平面揉轉；右腳向右側橫開一小步，右腿屈膝半

圖243

圖244

蹲，左腳收至右腳內側虛提；同時，左掌立掌貼靠在右掌背上一起逆時針方向畫一個小平圈；隨後左腳向左側橫開一步，左腿屈膝半蹲，右腳收至左腳內側虛提；左掌內旋向左側下方劈掌，鬆肩垂肘，臂屈曲伸展；眼視雙掌。（圖243）

⑤ 內氣向右旋蕩，帶腰右轉；右腳向右側橫開一小步，右腿屈膝半蹲，左腳收至右腳內側虛提；同時，右掌外旋掌心朝內經臉前內旋弧形向右側劈掌，掌心朝外，指尖朝上，高與肩平，鬆肩垂肘，臂屈曲伸展；左掌外旋勾腕掌心朝上經腹前弧形向右脅前插去；眼神先視左掌，後視右掌。（圖244）

⑥ 內氣突然順時針方向由右經下向左立圈旋蕩，帶腰隨勢向左揉轉；左腳向左橫開一大步，左腿屈膝半蹲，右腳收至左腳內側虛提；同時，右掌迅速外旋勾腕，掌心朝上弧形向左下插，左掌迅速內旋掌心朝下，右掌在上，兩

圖245

圖246

掌背貼靠，隨即雙掌順時針向左弧形悠蕩至左腋前，高與肩平，左掌心斜朝外，指尖斜朝前，右掌心朝上；眼視雙掌。（圖245）

⑦內氣繼續順時針向右立圈旋蕩，帶腰隨勢向右揉轉；右腳向右橫開一小步，右腿屈膝半蹲，左腳收至右腳內側虛提；雙掌順時針方向經臉前向右前方弧形移動，左掌心朝外，指尖朝右，抬臂與肩平，右掌心朝裏，指尖朝上，屈臂垂肘；隨即內氣順時針方向由右經後向左平面旋蕩，帶腰隨勢平面揉轉；左腳向左側橫開一小步，左腿屈膝半蹲，右腳收至左腳內側虛提；同時，右掌立掌貼靠在左掌背上一起順時針畫一小平圈，隨之右掌內旋向右側劈掌，指尖朝上，鬆肩垂肘，臂屈曲伸展；眼視雙掌。（圖246）

第一五七式　左右雲手（二）

動作和要點與第一五六式左右雲手（一）相同，參照

圖240～圖246。

第一五八式　左右雲手（三）

動作和要點與第一五六式左右雲手相同，參照圖240～圖246。

【要點】三式連貫順遂，不停不斷，內氣不僅悠悠蕩蕩，帶動身軀肢體時緩時疾，而且內氣旋轉圈有大有小，時逆時順，變化如九曲珠。腰要活，脊柱節節可揉動，上下左右揉轉，四肢百骸無處不輕靈，無滯無遲。兩掌背貼靠勿緊勿離，動作運行輕靈圓滿，神領、勢動、身中正。

第一五九式　單　鞭

動作和要點與第六式單鞭相同，參照圖29～圖33。

第一六〇式　進步右劈掌

① 上動不停，內氣由腹前向下向後豎圈旋，帶腰向後揉；右腳後退一步，腳尖朝東南，右腿屈膝半蹲，左腳抽回虛點在右腳內側前面成小虛步；同時，左臂順勢略收，左掌伸平向下按採；右勾手變掌，右臂逆時針弧形上揮；眼注視前方約1公尺遠。（圖247）

圖247

201

圖248　　　　　　　　　圖249

②內氣繼續由後經上向前旋豎立圈，帶腰向前揉；左腳向前（正東）邁一大步，左腿屈膝半蹲；左掌向前下方弧形採按；隨即右腳向前並於左腳內側不落實；右掌從身後上舉呈弧形向前下方劈掌，鬆肩垂肘，掌心朝左，指尖朝前，高與肩平；左掌收回扶於右臂內關處；眼視右掌。（圖248）

【要點】劈掌發力乾脆，手腳順勢順步，進退如一，揉腰鬆活。內氣正好旋轉多半圈至腹前，劈掌與內氣運轉合一，併步與劈掌合一。

第一六一式　左穿掌蛇身下勢

①上動不停，內氣向下、向右上旋，帶腰隨勢向右揉轉；右腳向後退一大步，腳尖朝南；同時，右掌沿下劈之勢向下、向右後方弧形回勾擺起，掌心朝下，略低於肩；眼視左掌前。（圖249）

② 內氣順時針向下
旋，帶腰向下揉轉，隨之身
體重心移至右腿；內氣向右
旋蕩，帶腰向右揉轉，左腿
屈膝收提；同時，右掌撮成
勾手，鬆肩垂肘，略高於
肩；左掌經臉前向右肩前弧
形引拀，立掌，掌心朝外；
眼視左側。（圖250）

③ 內氣繼續由右下向
左前上方旋，帶腰向左揉

圖250

轉；左腳迅速向左側鋪伸，右腿屈膝全蹲成左仆步；左掌
隨左腿鋪伸向下經膝前弧形向左腳上方迅速下穿；隨之身
體重心前移至左腿，左腳向外碾轉，腳尖朝東北，左膝屈
弓，右腿斜伸於後，右腳向內碾扣，成左弓步；同時，左
掌側立，掌心朝左，向前上方外旋弧形穿起，掌心朝右，
指尖朝前，與肩同高；右臂內旋，勾尖朝上，伸於體後；
眼視左掌。（圖251、圖252）

圖251　　　　　　　圖252

【要點】整體動作幅度較大，前後上下的變化乾淨俐索，不拖泥帶水，要收放自如，轉換圓活。鋪腿下勢動作猶如蛇身，卻不失中正；外旋穿掌要快，消肩前送，小指側向前上領起，腰要塌，不可前俯失重。

圖253

第一六二式　左金雞獨立

上動不停，內氣由前向後順時針方向旋蕩；身體重心移至左腿，左腿直起，膝微屈獨立，右腿迅速向前撩踢隨即屈提右膝向前上方膝撞，收臀團身；同時，左掌橫掌向下弧形採至左胯前，掌心朝下，指尖朝前；右勾手放開變掌，隨右腿提起從右腿外側直掌上穿，指尖朝上，掌心朝左，高與鼻尖齊，右肘屈曲，前臂斜立；眼平視右掌前。（圖253）

【要點】上穿掌和提膝同時發力，右臂不可伸直，動作快速敏捷，同時要團身收臀左掌向下採勁，兩肩務必鬆沉，獨立腿要站穩，身體中正。

第一六三式　右穿掌蛇身下勢

①上動不停，內氣左旋，帶腰左轉；以左腳跟為軸腳掌向外碾展45°，右腿隨轉體向左合；同時，左掌向左側提起，五指撮成勾子手，勾尖朝下，勾頂略高於左肩，鬆肩垂肘；右掌隨轉腰順勢經臉前向左弧形引捋至左肩前；

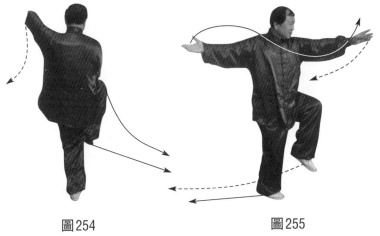

圖254　　　　　　　　　　圖255

眼視左側。（圖254）

②以下動作和要點與第一六一式左穿掌蛇身下勢相
同，唯手腳動作左右相反，參照圖251、圖252。

第一六四式　右金雞獨立

動作和要點與第一六二式左金雞獨立相同，唯手腳動
作左右相反，參照圖253。

第一六五式　連珠掌

① 上動不停，內氣逆時針向右後方旋轉，帶腰向右後
方揉轉；右掌外旋經右胯外向右後上方弧形揮起，至肩平
時掌心朝上；左臂向前伸直，掌心朝下；眼視前方不變。
（圖255）

② 內氣逆時針繼續旋轉，帶腰向左後揉轉；左腳向後
撤一大步，左腿屈膝半蹲，右腳抽回半步，虛提腳跟成虛

圖256

圖257

步，身體重心移至左腿；同時，右臂屈肘捲肱向前弧形移至右耳側時，內氣向左前下旋，帶腰向左揉轉，右掌隨腰左轉向前弧形按出，右臂微屈，掌心斜朝前，指尖斜朝上；左掌外旋翻轉，掌心朝上呈下弧形向胸前抽回（兩掌在身前相會掌心相對時，右掌呈下弧形迅速擊按；左掌呈下弧形迅速抽回至胸前）；眼隨視左右掌，即向前平視。（圖256）

③ 內氣向右前上方迅速旋轉，帶腰向右迅速揉轉；同時，左掌內旋向前呈上弧形迅速按出發勁，掌心朝前，指尖朝上；右臂外旋，掌心朝上向胸前呈下弧形迅速抽回，掌心斜對左前臂內側貼近肘部；眼視左掌。（圖257）

④ 內氣向下經右後翻上又向左前方加速旋轉，帶腰向左疾速揉轉；同時，右臂內旋翻掌向前呈上弧形迅速按出發勁，掌心斜朝前；左掌外旋翻掌向胸前呈下弧形迅速抽回，掌心朝上，靠近右肘部；眼隨視左右掌，即轉向前平

圖258

圖259

視。（圖258）

【要點】內氣螺旋滾翻，左右旋轉，腰隨之揉轉靈活有力，雙掌按出連貫疾快有勁，身體中正，不可左右倚斜，要含胸拔背，沉肩墜肘。

第一六六式 右採挒左肘靠

①上動不停，內氣先向左再向右旋蕩，帶腰先左再右揉轉；右腳向後撤步，腳尖朝正南，右腿屈膝半蹲，左腳跟至右腳內側併步不落實；腰帶右掌弧形先往左下經腹前再轉向右下將採至右胯前，掌心朝下，指尖朝前，屈肘坐腕；左掌由胸前內旋弧形向前（正南）按出發力，指尖朝上，掌心朝前；隨即內氣向左平旋一小圈，帶腰隨之揉轉；腰帶左掌逆時針畫一小立圈並向前再次按擊補氣發放；眼先顧右掌後視左掌。（圖259）

② 內氣逆時針繼續旋轉，帶腰向左揉轉；右腳向右側

橫開一小步，右腿屈膝半蹲，左腳跟至右腳內側虛提；左掌向左下方弧形挒；內氣由左後向右旋，帶腰向右揉轉；左掌勾腕外旋成掌心朝上經左側向小腹前抄裹；右掌隨勢向上弧形圈抱，掌心朝下，右臂抬平，屈臂內圈，於胸前與左掌上下相對，成抱球狀；隨即內氣加速向左悠蕩，帶腰向左微揉；左腳向左橫開一大步，左

圖260

腿屈膝半蹲，右腳收至左腳內側併步，不落實；同時，左側肩、背、肘、胯隨開步向左側靠打；眼視前方。（圖260）

【要點】此勢中挒採、採挒、捯採，並用，合用，全憑內氣帶腰，腰帶臂手，斜挒採橫進身，內發整勁。雖是肩背靠、肘頂打，卻不見外形。身體中正下沉，頭往上頂領。動作圓活輕靈，悠悠蕩蕩。按掌後再補氣發放，捯採合用內氣帶腰揉，胯也要揉轉一小平圈。橫開步和併步靠擊時，內外、上下、手腳，周身百骸，協調一致。

第一六七式　連珠掌

①上動不停，內氣由左前向下經左後向上旋轉，帶腰向左揉轉；右腳向右撤步，腳尖朝東南，左腳隨之抽回至右腳前，前腳掌著地成左虛步；同時，雙掌如揉球在胸前翻轉，右掌向左下弧形插挑外翻，左掌隨勢內旋上翻，兩

掌心斜對；眼隨視雙掌，即轉向前平視。（圖261）

②　動作和要點與第一六五式連珠掌中的第③動相同，參照圖257。

③　動作和要點與第一六五式連珠掌中的第④動相同，參照圖258。

④　動作和要點與第一六五式連珠掌中的第③動相同，參照圖257。

圖261

【要點】同第一六五式連珠掌。

第一六八式　左採挒右肘靠

動作和要點與第一六六式右採挒左肘靠相同，唯左右動作相反，面朝北方，參照圖259、圖260。

第一六九式　連珠掌

①動作和要點與第一六七式連珠掌相同，唯手腳動作左右相反，參照圖261。

②　動作和要點與第一六五式連珠掌中的第④動相同，參照圖258。

③　動作和要點與第一六五式連珠掌中的第③動相同，參照圖257。

④　動作和要點與第一六五式連珠掌中的第④動相同，參照圖258。

【要點】同第一六五式連珠掌。

第一七○式　右採挒左肘靠

動作和要點與第一六六式右採挒左肘靠相同，參照圖259、圖260。

第一七一式　連珠掌

動作和要點與第一六七式連珠掌中的第①動相同，參照圖261。

以下動作與第一六五式連珠掌中的第②③動相同，參照圖256、圖257。

第一七二式　左採挒

上動不停，內氣由右向左斜旋，帶腰先右再左揉轉；左腳向左後方撤步，腳尖朝正北，左腿屈膝半蹲，右腳跟至左腳內側併步不落實；同時，腰帶左掌先往右下經腹前再向左下弧形捋採至左胯前，掌心朝下，指尖朝前，屈肘坐腕；右掌由胸前內旋隨轉體弧形向前（正北）按擊發力，指尖朝上，掌心朝前；隨之內氣向右平旋一小圈，帶腰隨之揉轉；腰帶右掌順時針方向畫一小立圈並向前再次按擊，補氣發放；眼神先顧左掌，後視右掌。（圖262）。

【要點】同第一六六式右採挒左肘靠。

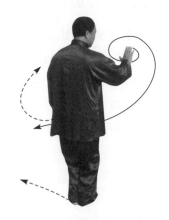

圖262

圖263　　　　　　　　　　圖264

第一七三式　右反斜飛勢

①　上動不停，內氣順時針由右前經後向左旋，帶腰先右再左揉轉；左腳向左側邁一步，腳尖斜朝西北，身體重心移至左腿；同時，左臂向左側弧形抬起，左掌心斜朝外，與左肩同高；腰帶右掌外旋勾腕經腹前向左弧形穿插，掌心朝上，指尖朝左；眼視右掌。（圖263）

②　內氣繼續向右前方旋蕩，帶腰向右揉轉；右腳向左腳前搬步，腳尖朝東北，重心前移至右腿；同時，左掌經胸前向左小腹前弧形將採，掌心朝下，指尖朝前；右掌從左肘下經左前臂外側向內旋掌，掌心朝外向右前方接手迅速弧形勾將斜飛；眼隨視右掌，即轉視前方。（圖264）

【要點】轉體變勢圓活，反接手勾將斜飛要用腰發力，瞬間勾將手指要緊，緊過即鬆，身體中正，眼神平視即斂收。

第一七四式　左斜飛勢

上動不停，內氣左旋，帶腰左轉；左腳向前（北方）上步，左腿屈膝前弓，成左弓步；同時，左掌從右肘下穿插，經右前臂外側向左前方弧形刁捋斜飛，掌心朝外，指尖朝上；右掌經胸前向右胯外弧形捋採，掌心朝下，指尖朝前；眼視左掌。（圖265）

圖265

【要點】弓步斜身，以腰帶手。

刁捋發力瞬時指要緊，緊過即鬆。身正不前俯，頭有上領之意，內外協調一致。

第一七五式　反大車輪掌

① 上動不停，內氣由左向右立圈旋蕩，帶腰向右後方揉轉；右腳提起向後方邁一大步，身體重心前移至右腿，右膝前弓，成右弓步；同時，右掌經身前向上隨轉體向後反向掄劈，沉肘塌肩，臂屈伸，右掌心斜朝外，高與鼻尖平；左掌經胸前向左胯外畫弧；眼視右掌。（圖266）

② 內氣繼續向下經左後向上旋蕩，帶腰向右揉轉；左腳向前跟至右腳內側虛提，上體轉朝正南；同時，左掌自身後經左上向前立掌掄劈至臉前，掌心朝右，掌指朝上；右掌繼續向下掄至右胯外側，掌外旋上翻，掌心朝上，指尖朝斜下；眼視前方。（圖267）

【要點】兩臂垂肘屈伸連續揮劈如車輪旋轉，軸心是

圖266

圖267

丹田，內氣環繞旋蕩，帶動腰身揉
轉，沉肩墜肘，翻身反劈右掌，勢氣
要大、要快，左車輪劈時屈膝下坐，
身體中正無偏倚。

第一七六式　提手上勢

圖268

　　上動不停，內氣突然向後經下向
前上翻旋，帶腰下坐收尾骨；左腳迅
速向後撤半步，左腿屈膝半蹲，右前
腳掌上翹，成右虛步，右腿屈膝在前
斜伸，收臀向下沉坐；同時，右掌向
前上方側立掌弧形托起，掌心朝左，指尖朝前上方，高與
胸平，屈臂垂肘；左掌墜肘弧形下採，掌心對右肘內側；
眼神視右掌前。（圖268）

　　【要點】右掌托提發力要挑腕，並向前上方領小指；

左掌下採要坐腕，同時收臀下坐。手往前上發送，身有向後撐圓之意，勁要冷脆，變換乾淨。

第一七七式　左顧右盼中定

動作和要點與第八式左顧右盼中定相同，參照圖36～圖39。

第一七八式　海底撈月

動作和要點與第九式海底撈月相同，參照圖40、圖41。

第一七九式　白鶴亮翅

動作和要點與第四十八式白鶴亮翅相同，參照圖107。

第一八〇式　陰陽連珠掌

動作和要點與第四十九式陰陽連珠掌相同，參照圖108～圖110。

第一八一式　海底針

動作和要點與第五十式海底針相同，參照圖111～圖113。

第一八二式　扇通背

動作和要點與第五十一式扇通背相同，參照圖114、圖115。

圖269　　　　　　　　圖270

第一八三式　轉身右白蛇吐信

①上動不停，內氣從左向右順時針旋蕩，帶腰右轉；右腳後退一步，腳尖朝西南，左腳收經右腳內側向左後方撤一步，屈膝半蹲；右腳抽回半步至左腳內側前虛提；同時，右掌隨轉身向右後下方弧形将採，屈肘圈臂至腹前，掌心朝下；左掌向上弧形舉至頭左側，橫掌向右下弧形蓋至胸前，指尖朝右，掌心朝下；身體向右轉正（正西）；眼向前平視。（圖269）

②內氣向左旋蕩，帶腰微向左轉；右腳向前上步，腳尖朝西南，右腿屈膝半蹲，左腳跟至右腳內側併步不落實；同時，左掌稍向下蓋壓沉勁；右掌經左掌背上方弧形向前穿出，指尖朝前，掌心朝上，鬆肩垂肘；左掌正好收在右肘下面；眼視右掌。（圖270）

【要點】腳步輕靈身要鬆活，蓋掌時收臀，腰要含

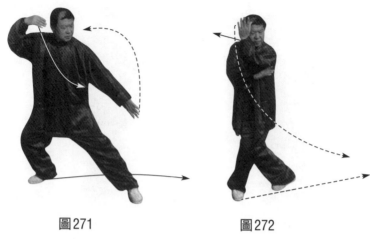

圖271　　　　　　　　　圖272

合，進步吐信出掌要快，鬆肩垂肘，身中正，頭頂領。

第一八四式　左穿枝

①上動不停，內氣左旋，帶腰左轉；左腳向左側斜伸，腳尖朝南，右腿屈膝，身勢向下；同時，左掌向內擰旋，屈臂收肘，隨左腿向左側斜伸，左掌向左下方穿插；右臂屈肘捲肱弧形回收至右耳側，掌心朝下，掌指朝左下；眼視左掌。（圖271）

②內氣右旋，帶腰向右揉轉；身體重心移至左腿，右腳經左腿後向左側插步；同時，左掌臂外旋屈肘前臂斜豎弧形收至胸前，掌心朝臉；右掌向左脅下弧形穿插，掌心朝下，收於左肘下；眼視左側。（圖272）

③內氣繼續右旋，帶腰右轉，身體重心移至右腿；右掌向上穿起經左前臂向右弧形捋掯至頭右側；隨即內氣左旋，帶腰左轉；左腳向左側邁一大步，腳尖朝東南；同

圖273 　　　　　　　　　圖274

時，左掌內旋經右胸前過小腹向左胯弧形摟攔；眼先隨視右掌，後轉視左前方。（圖273）

【要點】穿枝時掌臂同時旋撐，勢架低矮，動作幅度大，並要緊湊，不可散懈。周身上下一動無有不動。右掌下穿、左肘收合時，兩肩要向前合攏，不可聳肩。雖是斜身走勢揉旋變化，身體也應保持中正，靈活中內含整勁。

第一八五式　左白蛇吐信

① 上動不停，內氣左旋，帶腰左轉；身體重心移至左腿，屈膝半蹲，右腳跟至左腳內側虛提；同時，左掌向上弧形收至小腹前，掌心朝下；右掌隨轉身掌心朝下，指尖朝左橫掌向左側弧形蓋掌至胸高；眼向前平視。（圖274）

② 內氣繼續向左旋蕩，帶腰微向左轉；右腳後退一步，腳尖朝東南，右腿屈膝半蹲，左腳抽回半步至右腳內

圖275

側前虛提；右掌稍向下蓋壓沉勁，左掌移至右掌背上方；隨即內氣向右旋蕩，帶腰向右揉轉；左腳向前上步，左腿屈膝半蹲，右腳跟至左腳內側併步不落實；同時，左掌向前弧形穿出，指尖朝前，掌心朝上，鬆肩垂肘，右掌收在左肘下方；眼視左掌。（圖275）

【要點】同第一八三式轉身右白蛇吐信。

第一八六式　右穿枝

動作和要點與第一八四式左穿枝相同，唯左右動作和運動方向相反，參照圖271～圖273。

第一八七式　右白蛇吐信

動作和要點與第一八五式左白蛇吐信相同，唯手腳左右動作相反，運動方向相反，參照圖274、圖275。

圖276

圖277

第一八八式　反穿枝

① 上動不停，內氣向左旋蕩，帶腰左轉；左腳向左側邁步，腳尖朝南，左腿屈膝半蹲；同時，左掌外旋變掌心朝上收至腹前；右臂屈肘回收弧形經臉前移至胸前，掌心朝下，與左掌心相對成抱球狀，兩掌抱球向左下方弧形悠蕩至胸前；眼視右掌。（圖276）

② 內氣向右轉旋，帶腰向右後揉轉；兩掌抱球弧形上翻移至左胸前；右腳隨身體右後轉向左後撤步，兩腳以前腳掌為軸向右後轉向東北，身體重心移至右腿；同時，兩掌抱球呈下弧形向右肋前悠蕩，右臂平抬與肩同高；眼隨視左掌，轉視右掌。（圖277）

③ 內氣由右向左逆時針立圈快速旋蕩，帶腰向右揉轉；左腳向前上步，腳尖斜向東；同時，右掌用掌背弧形向上迅速掤騰兩圈，掌心朝下，指尖朝前；左掌外旋向前

圖278　　　　　　　　圖279

上弧形托撩，隨即左掌內旋，掌心朝下向上迅速弧形掤騰兩圈，掌心朝上，指尖朝右；眼隨視雙掌。（圖278）

【要點】反穿枝翻轉悠蕩，似抱球翻轉，要做出「S」形的動作，並內含肘法；眼隨手動，靈動圓活不失中正。步法靈活輕快，形如走路，無滯無遮；掤騰向前托撩穿掌，左右交替，連貫如環，全憑內氣翻滾揉轉，鬆腰活肩。

第一八九式　左扇通背

上動不停，內氣順時針立圈前後旋蕩，右腳迅速收至左腳內側併步不落實，左腿屈膝半蹲；同時，右掌弧形上架於頭右上方，掌心斜朝前；左掌內旋成側立掌向前按出，左臂垂肘屈伸，掌同鼻尖高；眼平視前方。（圖279）

【要點】鬆肩領頭，按掌要快，落點發力，左肘尖朝

下，消肩坐腕領小指，右臂屈肘撐圓。

第一九〇式　白蛇吐信

動作和要點與第八十七式白蛇吐信相同，參照圖177、圖178。

第一九一式　右反穿枝

動作和要點與第一八八式反穿枝相同，唯手腳左右動作相反，運動方向相反，此式朝西，參照圖276～圖278。

第一九二式　右扇通背

動作和要點與第一八九式左扇通背相同，唯左右動作和運動方向相反，此式朝西，參照圖279。

221

第一九三式　白蛇吐信

動作和要點與第八十七式白蛇吐信相同，唯手腳動作左右相反，運動方向相反，參照圖177、圖178。

第一九四式　右單峰貫耳

① 上動不停，內氣由左向右逆時針旋蕩，帶腰向左揉轉；左腳後退一步，左腿屈膝半蹲，右腳回收半步，腳跟提起成右虛步；同時，右掌向胸前弧形掩化向左前斜伸，右肘貼在右脅前；左掌外旋經右前臂上方向前上方穿出，掌心朝上，指尖朝前，左肘在左脅前；眼平視前方。（圖280）

② 內氣繼續逆時針向右旋蕩，帶腰向右揉轉；右腳向

圖280

圖281

222

前上步，腳尖斜朝西南，右腿屈膝半蹲，左腳收至右腳內側併步不落實；同時，左掌內旋扣接來手向回收肘弧形引挒至腹前，掌心朝下；右掌內旋半握拳，經胸前由右側弧形向前方勾腕圈臂貫打，拳眼朝下，拳面斜朝左，高與肩平；眼視右拳前。（圖281）

【要點】內氣帶腰揉轉幅度不要大，形要小，蘊含內勁，單峰貫耳捶發力用腰帶，是為整勁，掩手穿拿柔緩，貫耳疾快圓活，沉肩垂肘，穿接拿手不可遠伸，要放進來引挒。

第一九五式　撲面掌

上動不停，內氣突然順時針返回旋蕩，帶腰疾向左揉轉；同時，左掌迅速向前弧形按擊，指尖朝上，掌心朝前，掌與鼻尖平；右拳經左向右脅前外旋抽回，拳心朝上；眼視左掌前。（圖282）

圖282　　　　　　　　　　圖283

【要點】收拳要快，出掌要疾，鬆肩垂肘，內氣旋蕩，以腰帶臂，領指坐腕。

第一九六式　窩心捶

上動不停，內氣逆時針向右返回，帶腰疾向右揉轉；同時，腰帶右拳迅速向前扣拳衝擊，沉肩垂肘，高與胸窩平；左掌外旋迅速抽至腹前，掌心朝下；眼平視前方。（圖283）

【要點】身體中正，內氣左右旋蕩迅速，轉腰靈動有力。單峰貫耳、撲面掌、窩心捶三式緊湊連貫，有一步三拳之稱，發放迅速，冷彈有力。

第一九七式　搬攔捶

動作和要點同第五十四式進步搬攔捶，參照圖120～圖123。

圖284

圖285

第一九八式　攬雀尾

①上動不停，內氣右旋，帶腰右轉；右腳向右後方退一步，腳尖朝西北，左腳抽回至右腳內側虛提；同時，右拳變掌內旋弧形向上，屈肘回收至右胸前，掌心朝下，與肩同高；左掌外旋弧形移至小腹右側，掌心朝上，與右掌上下相對，成抱球狀；眼視右掌。（圖284）

②內氣左旋，帶腰左轉；左腳向左後方退一步，腳尖斜朝西南，左腿屈膝半蹲，右腳跟至左腳內側併步不落實；同時，左掌內旋經胸前向左，屈臂垂肘弧形抱於胸前，掌心朝下；右掌外旋經右向下、向腹前弧形抄抱，與左掌上下相對，成抱球狀；眼先顧右掌後顧左掌。（圖285）

【要點】兩掌上下翻滾如採球，由右隨腰轉帶至左側，內含掤、捋、挒、採之意。

以下右掤、右三環套月、右掤、左穿掌右纏捋、車輪擠、進步按6個動作和要點分別與第四式攬雀尾中的（5）右掤至（10）進步按的動作相同，參照圖17～圖25。

第一九九式 左右托捋

動作和要點與第五式左右托捋相同，參照圖26～圖28。

第二〇〇式 單 鞭

動作和要點與第六式單鞭相同，參照圖29～圖33。

第二〇一式 遮陰亮肘雲手（一）

①上動不停，內氣左旋，帶腰向左微揉；腰帶右勾手順時針向裏畫一小平圈，隨之腕內旋變掌，掌心朝外；內氣右旋，帶腰右轉；右腳向右橫開一步，腳尖朝正南，右腿屈膝半蹲，左腳收至右腳內側虛提；同時，右掌順時針弧形向右側劈掌，指尖朝上，掌側立，臂屈曲伸展；左臂外旋由左前方向下、向右上弧形移至右胸前，掌心朝裏，指尖朝右，臂屈伸；眼視右掌。（圖286）

②內氣向左旋蕩，帶腰左轉；左腳向左橫開一大步，左腿屈膝半蹲，右

圖286

圖287

圖288

腳收至左腳內側併步不落實；同時，左掌向上經臉前向左側弧形揮動，高與肩平，掌心朝上，指尖朝上，屈臂垂肘；右掌由右弧形向下經右胯過小腹，由左脅前上移至左肘內側，掌心朝下，指尖朝左；眼神先顧右掌後顧左掌。（圖287）

③內氣右旋，帶腰右轉；右掌外旋翻到左肘上方，兩前臂摩擦弧形上穿，左掌內旋坐腕劈掌；隨即腰帶雙掌經臉前向右側弧形移動，右掌內旋向右側揮劈，掌側立，左掌隨勢移至右肘下；眼先隨視左掌，後視右掌。（圖288、圖289）

第二○二式　遮陰亮肘雲手（二）

① 上動不停，內氣左旋，帶腰左轉；左腳向左橫開一步，左腿屈膝半蹲，右腳收至左腳內側併步不落實；同時，右掌內旋，掌心朝外，指尖朝上；左掌外旋翻至右肘

圖289

圖290

內側貼著右前臂上穿，隨即腰帶雙掌經臉前向左側弧形揮動，左掌心朝上，指尖朝左上；右掌隨勢移至左肘下；眼先隨視右掌，後視左掌。（圖290）

227

②動作與第二○一式遮陰亮肘雲手（一）中的第③相同，參照圖288、圖289。

第二○三式　遮陰亮肘雲手（三）

重複第二○二式遮陰亮肘雲手（二）。

【要點】一步左右雲手，前臂貼靠不緊不離，在肘外摩擦遮擋，兩掌旋轉劈掌皆可發放（勁），鬆肩垂肘，頭頂領。轉腰時膝胯不可扭擺，身體保持中正。

第二○四式　單　鞭

動作和要點與第六式單鞭相同，參照圖29～圖33。

圖291

第二〇五式　高探馬帶穿掌

①上動不停，內氣右旋，帶腰右轉；右腳向後撤一步，身體重心移至右腿，右膝屈蹲，左腳回收半步，腳跟提起，前腳掌虛點於地；左臂屈肘略收又向前伸展，左掌放平；右勾隨撤步五指鬆開成掌向右後方弧形悠起，兩掌心朝下；隨即內氣左旋，帶腰向左揉轉；同時，左掌略向上悠起；右掌外旋，屈肘捲肱向上至右肩上方，掌心朝前下，指尖朝前上方。（圖291）

②內氣繼續左旋，帶腰向左揉轉；左腳向前上步，腳尖朝正東，右腳跟至左腳內側併步落實，左腳虛起，身體重心移至右腳，右腿屈膝半蹲；同時，左掌外旋變掌心朝上，勾腕橫掌向腹前弧形刮摟；右掌經右耳根橫掌往前上方迅速弧形按出，小指側朝上捲，掌心斜朝下，指尖朝左，右臂微屈勿伸直，肘部稍低於腕，高與肩平；眼視右

圖292　　　　　　　　圖293

掌。（圖292）

　　③內氣下沉向後上方旋蕩，帶腰微左揉；左腳迅速向前邁步，腳尖朝正東，左腿屈膝半蹲，右腳緊跟至左腳內側併步不落實；同時，左掌經右掌背上方向前上方弧形穿出，掌心朝上，指尖朝前，左臂屈伸，沉肩垂肘向前瞬間發放；右掌向腹前弧形蓋将收至左肘下；眼視左掌。（圖293）

　　【要點】高探馬的要點同第六十七式右高探馬；穿掌的要點同第八十七式白蛇吐信。此式連續上兩步，動作連貫，輕靈悠蕩，手腳合一。

第二〇六式　轉身右擺蓮

　　①上動不停，內氣右旋，帶腰右轉；左腳向前扣步，腳尖朝西南，左腿屈膝半蹲，右腳緊跟至左腳內側不落實；隨即向右後方轉體180°，面向西南；同時，左臂屈肘

圖294　　　　　　　　　圖295

立前臂，從左側移至面前，掌心斜朝右，指尖斜朝上；右
掌移至左肘下，掌心朝下，指尖朝左，拇指正對胸窩前；
眼平視前方。（圖294）

②內氣繼續右旋，帶腰向右揉轉；右腳從左向右上踢
擺；同時，左掌內旋逆時針在身前向左畫弧，右腳正好擺
起滑過左掌擊響；眼隨視左掌。（圖295）

第二○七式　退步左擺蓮

上動不停，內氣繼續右旋，帶腰向右揉轉；右腳向後
落步，腳尖朝西北，右腿屈膝半蹲，身體重心移至右腿；
隨即內氣左旋，帶腰向左揉轉；左腳從右向左上踢擺；同
時，左掌向右胸前回收；右掌從左前臂下方伸出順時針向
右畫弧，左腳正好擺起滑過右掌擊響；眼隨視右掌。（圖
296）

【要點】擺右腳時，上身由左45°角轉正，右腳由左

圖296   圖297

45°角向右側擺動；退步落腳時，上身轉向右45°角。擺左腳時，上體由右45°角轉正，左腳由右45°角向左側擺動。起腿時獨立腿要屈膝站穩，不可挺直，轉身要快，擺腳連續快速，乾淨俐落，發勁要脆。身體中正，無前俯後仰、左右倚斜之病。

第二○八式　十字腿

① 上動不停，內氣後旋，左腳向後落步，腳尖朝西南，左腿屈膝半蹲，右腿屈膝提起；同時，兩前臂在胸前交叉成十字形，左掌在裏，掌心朝右，右掌在外，掌心朝左，指尖朝斜上；眼向前平視。（圖297）

② 內氣由後經下向前旋轉，帶腰團身收臀；右腳尖勾起，腳跟著力向前蹬出，腿直伸，腳與胯根平；同時，兩掌左右分推，掌心斜朝前，指尖朝上，兩臂屈曲伸展；眼向前平視。（圖298）

圖298 圖299

【要點】蹬擊要快，手腳同時發力，收臀合腰，獨立腿站穩，身體中正。分推時鬆肩領頭，不可縮頸端肩。

第二〇九式　落步右摟膝

①上動不停，內氣左旋，帶腰左轉；右腿屈膝收提，向左轉體；同時，兩臂屈肘外旋前臂豎立向胸前弧形掩合，左掌向下弧形移至小腹前，掌心朝上，右掌弧形移至胸前，掌心朝左；眼視右掌。（圖299）

②內氣右旋，帶腰右轉；右腳向右側邁一大步，腳尖朝西南；左掌經胯外向左側弧形舉起，右掌向下經過小腹向右膝前弧形摟攔；隨即右腳掌向外碾轉，腳尖朝正西，身體重心前移至右腿，右膝屈蹲，左腳跟至右腳內側併步不落實；同時，右掌摟至右胯旁，掌心朝下，指尖朝前；左臂屈肘捲肱，左掌經耳側向前（西方）迅速弧形按出，掌心朝前，指尖朝上，左臂屈曲；內氣向左旋轉，帶腰向

圖300

左揉轉；左掌隨腰逆時針方向畫一個小圈，內氣向前旋
蕩，左掌隨內氣再次向前按擊（補氣發放）；右掌同時向
下採按發放；眼神隨動作而視，即轉向前平視。（圖
300）

【要點】身體中正，沉肩墜肘，含胸拔背，內外合一，
按掌時領指坐腕，五指舒張。

第二一〇式　右托抣指襠捶

①上動不停，內氣先右旋再左旋，帶腰先右後左揉
轉；左腳向後撤一步，左腿屈膝半蹲，腳尖朝東南，右腳
收至左腳內側虛提；同時，左掌隨腰順時針畫一個小立圈
提起，屈肘向左弧形引抣靠近右肘內側，掌心朝下；右掌
外旋，弧形向前伸舉至右前方，指尖朝前，掌心朝上，肘
微屈下垂，兩掌成托勢；內氣繼續左旋，腰向左轉；同
時，左掌隨轉體外旋弧形移至左側腹前，掌心朝上，指尖

圖301   圖302

朝右；右掌內旋弧形移至左胸前，掌心朝下，指尖朝左，
兩掌心相對，成抱球狀；眼神先隨視左掌，後視右掌。
（圖301、圖302）

　　②內氣繼續左旋，帶腰左轉；左掌向左前（東）方弧
形托起，右掌弧形按至腹前；隨即內氣右旋，帶腰右轉；
右腳向前（西）方搬步，腳尖朝西北，左腳跟隨至右腳內
側虛提；同時，左掌內旋向上、向右、向裏弧形隨轉體移
至胸前，掌心朝下，指尖朝右；右掌外旋掌心朝上，隨轉
體向北經右胯外向右後上方弧形揮起，五指屈握成拳，舉
於右側頭後；眼神先隨視左掌，後視右拳。（圖303、圖
304）

　　③內氣左旋，帶腰左轉；左腳向前（正西）方邁一大
步，左腿屈膝下蹲，右腳緊隨至左腳內側併步落實，隨即
左腳虛起；同時，左掌繼續迅速弧形下摟經左膝側向上；
右拳繼續經右耳側、右肩前斜下向前以拳背著力，沉肘抖

圖303

圖304

腕撩擊，拳背朝上，高與肘相平，收臀下蹲；左掌正好摟到右肘內側；眼視右拳。（圖305）

圖305

【要點】上步併步綿連不斷，撩陰發力氣下沉，鬆肩沉肘頭上領，托拇摟膝輕靈圓活，接手上肩含背搬，整勁突然變冷力，內外協調一致。

第二一一式　上步攬雀尾

動作和要點與第五十五式上步攬雀尾中的（1）右掤相同，參照圖124～圖126，以及第四式攬雀尾中的（6）右三環套月、（7）右掤、（8）左穿掌右纏拇、（9）車輪擠、（10）進步按相同，參照相關動作圖。

第二一二式　左右托捋

動作和要點與第五式左右托捋相同，參照圖26～圖28。

第二一三式　單　鞭

動作和要點與第六式單鞭相同，參照圖29～圖33。

第二一四式　進步右劈掌

動作和要點與第一六○式進步右劈掌相同，參照圖247、圖248。

第二一五式　左穿掌蛇身下勢

動作和要點與第一六一式左穿掌蛇身下勢相同，參照圖249～圖252。

第二一六式　上步七星

上動不停，內氣左旋，帶腰左轉；隨著左掌的穿起左腳向外碾轉，腳尖朝正東方，身體重心向前移至左腿，左膝前弓，成左弓步；隨即左腳向外碾轉45°，腳尖朝東北方，重心全部移至左腿，右腳提起經左踝內側向前邁出半步，前腳掌虛點地，成右虛步；同時，左掌穿至胸高時，左臂垂肘，掌心朝右，指尖朝前上；右勾變拳，隨右腳上步經腰側向前從左掌腕下穿出，交叉於左腕下；隨即左掌右拳同時稍內旋向前突然發放，右拳心朝左上，掌心斜朝右前；眼神隨視兩手。（圖306、圖307）

圖306

圖307

237

圖308

【要點】由下勢過渡為右虛步時，身體不可搖晃，保持中正，鬆腰鬆胯，右腳前掌輕虛不實。拳掌同時向前發上拔驚炸勁，肩要鬆塌，臂要垂肘屈曲伸展，頭要領起。

第二一七式　退步跨虎

①上動不停，內氣右旋，帶腰右轉；右腳向後抽回弧形經右外側向左腳後方落步，向右轉體，右腳向外碾轉，腳尖斜向西南，左腳向內碾扣，身體重心移至右腿，右膝屈蹲；同時，右拳變掌，兩掌隨轉體向左右弧形分開，右掌向下、向右畫弧至右胯外側捋捌；左掌向裏經胸前向左上方畫弧。（圖308）

②身體轉朝正南方，提起左腳向右腳前出半步，前腳

圖309

掌虛點於地，左腿屈膝斜伸，成左虛步；同時，左掌自前順時針斜向下經小腹過左胯旁，再斜向身前畫圈，掌心朝下，指尖朝前；右掌經右後向前外旋變掌心朝上，指尖朝前，從右肋際至胸前畫圈，由正在畫弧的左前臂裏側向右前上方內旋分穿發放，掌心斜朝上方；左掌向左下方畫弧落於左胯旁發放，掌心朝下，指尖朝前，兩臂屈肘內圈；眼隨視右掌，即轉視左側前方。（圖309）

【要點】左虛步要站成小三角形，退步過程中左腳要站穩，不可左右搖晃，且要保持身體中正。兩掌不可分得太散，要緊湊適中，含胸收臀，不可翹臀挺胸，兩掌同時向外發放（放力），內旋前臂。

第二一八式　轉身白蛇吐信

上動不停，內氣繼續右旋，帶腰向右後方轉體；右腳向外碾轉，左腳向內碾扣，隨即迅速向右後方上步，腳尖

圖310

圖311

朝東北，身體轉向西北，身體重心移至左腿，左膝前弓，成左弓步；同時，左掌隨轉體從左胯旁向上經臉前向右胸前畫弧；右掌從右前上方向右下經脅際畫弧，掌外旋掌心朝上從左掌背上方向右前上方迅速穿掌，塌肩垂肘，臂屈伸；左掌背貼在右肘下方，指尖朝右；眼視右掌。（圖310）

【要點】碾轉步腳要靈活，轉身扣步要快速，旋轉變化打閃紉針，轉體要穩，不可搖晃，保持中正。穿掌要疾，發力冷脆。

第二一九式　雙擺蓮

上動不停，內氣順時針右旋，帶腰向右揉轉；右腳自後向左前上方弧形踢擺；同時，右掌內旋變掌心朝下，雙掌從右往左畫弧迎拍右腳外側，左掌在前、右掌在後；眼視拍擊處。（圖311）

【要點】以腰帶腿向外橫擺，腿略屈勿挺直，擺腳高不

圖312

圖313

過肩，左腿站穩，身體中正。擺腳迅速、快捷，腰胯鬆活。

第二二○式　左彎弓射虎

上動不停，內氣順時針右旋，帶腰右轉；右腳向右側落地，腳尖朝東北，右腿屈膝半蹲，左腳緊隨至右腳內側併步不落實；同時，雙掌向右側下方弧形雙捋至右側小腹前握拳，拳眼相對，拳心朝下。（圖312）

內氣逆時針向左旋蕩，帶腰向左揉轉；左腳向前邁步，腳尖朝東北，左腿屈膝半蹲，右腳跟至左腳內側虛提，面向東北方；同時，兩拳隨轉體經臉前向左下方弧形掛於小腹左側；隨即內氣右旋，帶腰向右揉轉；兩拳繼續弧形由左後向上翻腕掛提經頭左側向前蕩出放勁，左拳稍在上，右拳在左拳前下，兩拳眼斜對，拳面朝前，屈臂垂肘；眼向前平視。（圖313）

【要點】反腕掛提向外要有掤勁，向前蕩出如張弓射

圖314 　　　　　　　　　 圖315

虎，步法輕靈，腰要揉活，不可僵硬。兩臂悠蕩內含沾勁
不懈，身體中正。

第二二一式　右彎弓射虎

上動不停，內氣左旋，帶腰向左揉轉；左腳後退一
步，左腿屈膝半蹲，右腳抽回至左腳內側併步不落實；兩
拳從前向左下方弧形掤揉掛蕩至左胯旁；隨即內氣右旋，
帶腰右轉；兩拳隨轉體向右胯旁弧形蕩掛；然後內氣向左
旋蕩，帶腰向左揉轉；右腳向右側（南方）橫開一步，腳
尖朝正東方，右腿屈膝半蹲，左腳收回經右腳內側向前
（北方）邁出，腳尖朝東北，左腿屈膝半蹲，右腳緊跟至
左腳內側併步虛提；同時，兩拳從右胯旁向上翻經頭右側
弧形向前蕩出放勁，右拳稍在上，左拳在右拳前下，拳面
朝前，兩拳眼斜對，屈臂垂肘；眼隨視雙拳，即轉向前平
視。（圖314、圖315）

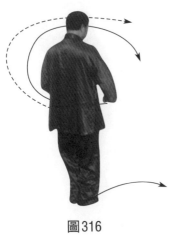

圖316

圖317

第二二二式　右彎弓射虎

　　上動不停，內氣右旋，帶腰向右揉轉；左腳向左後方（西方）撤一步，腳尖朝東北，左腿屈膝半蹲，右腳抽回至左腳內側虛提，兩拳向右下方弧形掤揉掛蕩至右胯旁；內氣轉向左旋，腰向左轉，兩拳掛蕩在左胯旁；隨即內氣右旋，腰向右揉轉；右腳向前（正東方）搬步，腳尖朝東南，重心移至右腿，右腿屈膝半蹲，左腳收至右腳內側虛提，身體轉向正南；兩拳繼續向上弧形悠蕩，經左肩前隨轉體向右下方悠蕩掤掛至右胯旁；然後內氣轉向左旋，帶腰向左揉轉；左腳迅速向前（正東方）邁步，腳尖朝東南方，右腳緊跟至左腳內側併步虛提；兩拳弧形向上經頭右側向前蕩出放勁，右拳稍在上，左拳在右拳前下，拳面朝前，兩拳眼斜對，屈臂垂肘；眼隨視雙拳，即轉向前平視。（圖316～圖319）

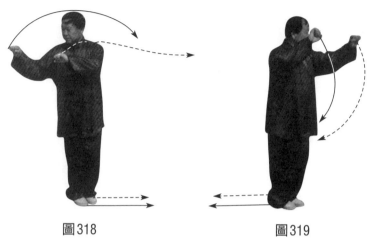

圖318　　　　　　　　　　圖319

第二二三式　左彎弓射虎

　　上動不停，內氣先右後左旋，帶腰先右後左轉；左腳向後（北方）撤一步，腳尖朝東南，左腿屈膝半蹲，右腳抽回至左腳內側併步虛提；同時，兩拳由前上向右下方弧形掤揉經右胯向左蕩掛至左胯旁；隨即內氣右旋，帶腰向右揉轉；右腳迅速向前（正南方）邁步，腳尖朝東南，左腳緊跟右腳內側虛提；兩拳繼續弧形向上經頭左側向前（南方）蕩出放勁，左拳稍在上，右拳在左拳前下，拳面朝前，兩拳眼斜對，屈臂垂肘；眼隨視雙拳，即轉向前平視。（圖320、圖321）

　　【要點】同第二二〇式左彎弓射虎。以上4個連續的「彎弓射虎」打出東、北、南三個方向，在轉換這三個方向時，步法有進、退、橫開、三角步、搬步和圓步等，步法、身法都要靈活，腰部一直保持有揉活勁，不可僵硬挺

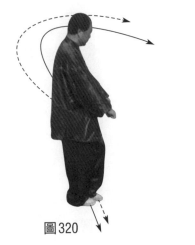

圖320

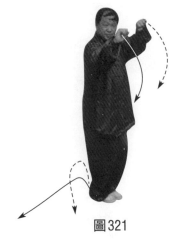

圖321

244

直。內氣、拳法、身法、步法均要悠悠蕩蕩，在悠蕩中內含用意，身體保持中正。

第二二四式　左反背捶

上動不停，內氣左旋，帶腰左轉；左腳向後撤步，腳尖朝東南，左腿屈膝半蹲，右腳抽回至左腳內側虛提，兩拳向左下方弧形掤揉至左胯旁；內氣轉向右旋，隨之向右轉腰；右腳向西南邁出一步，腳尖朝東南，右腿屈膝半蹲，左腳收經右踝內側向前（東方）斜伸半步，虛點於地，身體重心落在右腿上，成左虛步；兩拳隨著轉體經腹前向右掛蕩至右胯旁；此時，內氣左旋，帶腰向左揉轉；左拳繼續弧形向上翻起向左側反背劈捶，拳心朝上，屈肘下垂貼近脅前；右拳變掌，外旋下落經腹前向右後弧形揮起，屈肘捲肱，掌經右耳根側緊隨左拳上方向前呈下弧形迅速按擊，領指坐腕；隨之，兩腳以前腳掌為軸碾轉，左

圖322　　　　　　　　圖323

腳尖朝東北，重心前移至左腿，右腳跟提起，兩膝屈蹲，
身向下沉坐；同時，左拳收回至左脅前，右掌前伸，掌心
朝前，指尖朝上；眼隨視左拳，轉視右掌，即轉向前平
視。（圖322、圖323）

　　【要點】腳走圓步，掤揉掛蕩同前面彎弓射虎，反背
劈捶自悠蕩中產生，要先捶劈打，後緊跟著按掌，不可拳
掌同時進行。右掌前按時鬆肩垂肘，身體重心前移，兩膝
齊屈降低身架，右掌放長勁前推，要像衝浪一樣快速流
暢，此時右腳掌輕著地，似乎將要離地的樣子，但不可向
前伏身，身體中正。

第二二五式　右托槍勢

　　上動不停，內氣順時針突然加速立圈旋動，帶腰隨氣
揉轉；同時，右掌逆時針方向畫一小立圈變掌心朝上向上
托起發力，掌略高於肩；左拳變掌內旋弧形向左額頭側反

圖324　　　　　　　　　圖325

腕捲起，掌心朝外，指尖朝前；眼視右掌。（圖324）

第二二六式　左托槍勢

　　上動不停，內氣突然返回逆時針向右立圈加速旋蕩，帶腰向右揉轉；右腳向前（東）邁一步，腳尖外撇朝東南，右腿屈膝半蹲，左腳向前跟半步，腳尖虛點於地，身體重心前移至右腿，屈膝下坐；同時，右臂內旋向右額側屈肘，右掌弧形捋挒，反腕捲起，掌心朝右前下，指尖朝前；左掌外旋弧形向前伸托，掌心朝上，指尖朝前，略高於肩；眼視左掌。（圖325）

　　【要點】右左托槍勢相連不斷，兩手臂同時旋撐，要有驚炸勁。前手托時肘屈肩鬆沉，肘尖朝下向內合於中心線上，使前手與鼻尖在一條直線上；後手屈肘向後外側捋挒，即接手捋在先，隨即便顯挒勁，同時隨腰後轉帶臂和手產生旋轉離心力隱於挒勁中，挒手只到額角，不可遠離

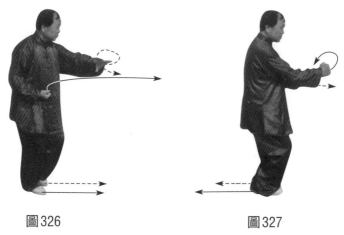

圖326　　　　　　　　圖327

頭額，否則勢必散，即謂放勁遠，手卻不遠之意。重心落
在前腿上，後腳要虛，虛實必分明。身體中正，無前俯後
仰、左右倚斜或身體搖晃之病。

第二二七式　左搬攔捶

上動不停，內氣返回向左順時針立圈，帶腰向左揉
轉；左掌內旋弧形向右橫掌平攔，左臂屈肘內圈前伸；右
掌外旋弧形向下收至右脅際變拳，拳心朝上；左腳收經右
踝內側向前邁步，腳尖朝東，左腿屈膝半蹲；內氣逆時針
向左平圈旋轉，帶腰向左揉轉；腰帶左掌向左前方畫弧平
攔一圈，右腳跟至左腳內側併步虛提；右拳內旋，立拳向
前衝擊發力；此時，左掌正好攔至右前臂內側扶於內關
處，右臂屈肘於脅前，前臂平直前伸；眼神先隨視左掌，
後視右拳前方。（圖326、圖327）。

【要點】以內氣帶腰，以腰帶動四肢，內外協調一

圖328

致，動作連貫靈活有勁，身體保持中正，不可歪斜及前俯後仰。

第二二八式　如封似閉

動作和要點同第二十五式如封似閉，參照圖67～圖69。

第二二九式　十字手

①上動不停，內氣向內旋；兩臂內旋屈肘向外撐，由身前弧形舉起至頭頂前，掌心朝外，兩掌指斜相對；同時，身體重心移至左腳，內氣向右旋轉鼓盪，腰向右轉，右腳向後邁出，腳尖朝南，左腳跟至右腳內側虛提。（圖328）

②內氣向左旋轉鼓盪，帶腰左轉；左腳向左側橫開一步，右腳收經左腳內側向右側橫開一小步，兩腳相距與肩

圖329

圖330

同寬，屈膝下蹲；同時，雙掌向左右兩側弧形分開向內圈抄於膝下交叉相抱向上至胸前，掌心朝上；眼神注於兩掌上掤，然後隨視右掌。（圖329）

③內氣由下向上翻旋蕩，兩腳蹬力向上站起；同時，雙掌隨身體向上升起，左臂在裏、右臂在外交叉成十字狀抱至胸前，掌心斜向內；眼隨動作而視，即轉視前方。（圖330）

【要點】兩掌上掤，臂要撐圓，鬆肩含胸頭頂領。下圈如搬重物，收臂圍身，不可前傾，身體保持中正。十字手兩臂屈肘成環形，不可小於90°，要含有掤勁，不可聳肩、夾腋、掀肘。

第二三〇式　合太極（收勢）

上動不停，內氣向下回歸丹田；兩掌內旋掌心朝下徐徐向前伸臂向左右分開，同肩寬，同肩高，隨即兩肘下

圖331

圖332

沉，帶動兩掌自然向下按落至兩胯外側，手指朝前；同時，兩膝徐徐伸直，成自然直立；兩腕自然放直，兩臂自然垂於體側；身體重心移至右腳，收左腳於右腳內側併步；神意守住丹田片刻，待內氣平穩後起目平視，收勢完畢。（圖331、圖332）

【要點】拳勢有起有收，太極有開有合，開為動起，合為靜收。起勢認真，收勢也不可忽視，收勢須以心神穩內氣，令氣穩於丹田，待守片刻。

收勢是太極拳運動中一個重要程序，不可草草了之。所謂「一氣呵成」即指從起勢內氣動始，一直到收勢，使內氣再回歸丹田這一全過程。

楊式內傳太極拳技擊

（一）技擊原則

老子曰：「柔弱勝剛強。」亦即柔弱的裏面蘊含著內斂，往往富於韌性，生命力旺盛，發展的餘地極大。相反，看起來似乎強大剛強的東西，往往失去發展的前景，不能持久。

又曰：「天下之至柔，馳騁天下之至堅。」就是說，天下最柔弱的東西，能夠戰勝天下最剛強的東西。太極拳根據這一理論樹立了「以靜制動」「以柔克剛」「以順避害」「後發先至」的技擊原則。與人相搏，主張「捨己從人」「不頂不抗」「以小力破大力」「以弱勝強」「四兩撥千斤」的功力和「引進落空合即出」的智慧而克敵。這就是太極拳技擊原理與法則。

1. 以靜制動

與人相搏，心靜體鬆，意識專一為首要。所以「心靜」，即任憑他千般變化，我不動心，只以鎮靜應之。只

有在心靜的情況下才能辨明對方勁的來龍去脈，才能抓住對方空隙而出手。在敵我瞬息萬變的情況下，應保持好自身的穩定，即強調在不斷地轉換虛實運動中調整平衡，以利我千方百計地破壞對方的平衡，以逸待勞，勁不妄用。

2. 以柔克剛

敵來進我，我隨勁伸縮「動急急應、動緩緩隨」，不頂不抗，沾黏連隨，不丟不頂，使敵摸不到我勁，然後引出對方的弱點，抓住空隙，運用合勁發之，即收到以柔克剛、以小勝大、以弱勝強的技擊效果。

以柔克剛的奧妙，在於剛勁顯揚外露，而柔弱勁的裏面蘊含著內斂，往往富於韌性，敵力無論如何強大，我均以柔勁化之，敵力再大又奈我何？「敵進我退，敵退我追，敵駐我擾，敵疲我打」以弱勝強的游擊戰術，即是「以柔克剛」的思想在軍事上的具體體現。

3. 以順避害

太極拳是由無數圓圈所組成的運動，這種獨特的運動技法，避免了對方加於我身的任何的直接打擊。敵力來，我以圓順化其力，自身沒有消耗實力且不受傷害，剛柔陰陽仍然蘊含於內，隨時可乘機出手。大圈、小圈、氣圈、意圈，有圈之意，而無圈之形。沾手未見其圈形，敵已跌出。化與發瞬間同時完成，妙不可言。

4. 後發先至

太極拳技擊，接手先順化而後發，捨己從人，逆來順

252

受。順則掌握主動，絕不與對方發生正面衝突，不頂不抗，順勢引化，以借人之力，後發先至。後發先至乃是變被動為主動，是在引對方出現空隙，將我在柔化中內含之勁，在此得機得勢得時的條件下，我化、打、發相連，一發即湊效。「引進落空合即出」是以智勝拙之法。

捨己從人，不是不出手總是被動，而是「無為而無不為」。「無為」實際上是不妄為、不強為，這樣做的結果當然是「無不為」了。勁不妄用，該出手時就出手，絕不盲目亂出手，絕不強行出手。「彼不動，己不動，彼微動，己先動」，乃是後發先至之法則。

太極拳用勁「似鬆非鬆，將展未展，勁斷意不斷」，輕靈敏捷，出手無形，手到發勁，未到之先無勁，只在中敵的剎那發勁，疾如閃電，迅若雷霆，一發便收，斂氣凝神，毫不費力。

5. 以小勝大

以小勝大體現出一個巧妙來。太極拳制敵「動急則急應，動緩則緩隨」掌握陰陽強弱變化及轉換的微妙契機，用智慧分清陰陽、辨明虛實，掌握「機、勢、時」、「彼不動，己不動，彼微動，己先動」及「引進落空」和「捨己從人」，在陰陽虛實互相變轉的過程中掌握「距離差」和「時間差」的間隙，做到以小力化開對方的大力，絲毫無間斷地向對方出手，「化開即攻上」，化、打緊相連，都在一個極小的圈內瞬間完成。小而勝大，非常微妙。

總之，太極拳的戰略戰術思想，是對太極拳認識、理解與悟徹功夫所決定的，非隻言片語所能解釋清楚。

（二）技擊竅要

太極拳的圓形運動，是曲線弧形動作，亦「曲中求直」，處處是曲線，處處隨時能轉化為直線，為曲和直二者的統一。

在我們做圓圈練習時，外形運動軌跡是圓圈，自己身上臂上的內勁也是圈，同時運轉、旋轉要像螺旋勢的纏繞進退。其螺旋勢的纏繞伸縮的圓形運動所表現出的勁，我們叫它為「纏絲勁」，簡稱「纏」勁。這種纏勁具有邊化邊打，化打相連一氣呵成的獨特作用。

纏勁的弧線動作對化開對方直來的勁很有效果，若對方繼續加力，我可借著對方的力向前進得更快，並將對方平衡破壞使其跌出，我自身卻依然穩定。對方力越大，我手進得越快越有勁，這就是太極之用妙在為「圓」。這個「圓」就是連綿不斷的螺旋勢的纏絲勁，即所謂「力在驚彈走螺旋」是也。

太極拳每一動作皆是由圓圈構成的，無論是開合虛實、起落旋轉均須如此。在每一個圓圈當中都含著剛柔、虛實，剛柔互濟、虛實潛轉和剛柔、虛實互用並存。「所畫之圈有正有斜、有順有逆，種種轉法，各不相同，當因其勢之自然者轉之」。

初習拳者應「先求開展，後求緊湊」。久而久之自然純熟，達到得心應手、心身相應的程度，就能夠一動無有（內外、上下、左右）不動，一圈無有不圈（外形有指、腕、肘、肩、胸、腹、胯、膝、足之圈；內有意、氣與外形動作相應畫圈），所以「全身處處是太極」。「精煉已

極，極小亦圈」，這是由大圈練到小圈，由小圈練到沒圈，由開展而漸至緊湊，由有形而歸於無形的最高階段。由極小的圈練到外形上看不出有圈，是只有圈的意而沒有圈的形式，這種境界只有下苦功極深者才能達到。

轉圈不論大、小和外形上看不到的圈，都要用意識貫注其中，勿用拙力而含有內勁，這種內勁似鬆非鬆、不剛不柔，亦剛亦柔、剛柔相濟，極為鬆沉又極為輕靈。

內勁應由丹田發出。如丹田勁力十分，我們用意將六分勁上分，分別到兩肩，纏繞運轉到臂、肘、腕、掌、指尖。再將四分勁往下運行經胯分到兩腿纏繞運行到膝、足到達足趾尖。

其中隨著動作的開展、引伸、呼氣而運轉纏繞到四梢的，是由內而外的前進螺旋勁，也是呼、伸、進、放、開、發勁的過程。等到內勁貫到九分，神氣貫到十分，動作似停非停的時候，動作的開展轉化為合聚，引伸轉化為回縮，呼氣將盡轉化為緩緩吸氣，這時內勁的上下行達到四梢者復由原路線纏繞退行至腹部復歸丹田，是由外而內的退行螺旋勁，也就是吸、屈、退、收、合、蓄之勢。

練太極拳之所以要緩慢，不能迅速，就在於追求「運勁須無微不到」的鍛鍊方法，如果開始就用快速練習法，必然每一動作做不到位，做不真，細微之處滑過，到最後就手空，達不到預期效果。

只有練慢的功夫到一定程度後才開始由慢到快，快後復慢，既能慢到十分，又能快到十分，如此反覆鍛鍊，才能極輕靈，又能極沉極重，快慢隨心所欲。

（三）內外相應法

1. 步法中五行、五用以內應外法

五行：火、水、木、金、土。

五用：進、退、顧、盼、中定。

在小快式中可縮約為三個字，即進、退、閃。

進字：為吐、為取、為放、為剛、為實、為攻、為陽、為火。

退字：為吞、為守、為收、為柔、為虛、為化、為陰、為水。

閃字：閃字門中之人，是中位也，他人來攻奪，閃即不頂而讓，不丟而黏，中氣不動，不耗氣力，保持實力於內，故閃又歸於合。閃雖為離，但不是完全離開出現很大空隙的樣子，只是側身避開，不丟而黏，無空隙而矣。

左顧：為守，守者存氣，且收為蓄，為陰柔也。

右盼：為攻，攻者意動，氣即發，又稱「中氣正發」，屬陽剛也。

閃字：為合。內含攻守，守為陰，攻為陽。陰收陽發，陰陽合為中閃也。是為以內應外法。

順化也是一種閃法，不頂抗，化、走、順、空，使自身成為旋轉的陀螺，不怕受外力衝擊，而可攻擊他人，即化即打，閃中打。從步法上可充分體現出太極拳以靜制動、以柔克剛、後發先至的風格特點。

以上介紹的步法皆可歸納在這些法則之內，即進退步、橫開步、三角步、蛇行步等，每種步法中都包含有以

柔克剛、後發先至的要義。進退步法，進攻退化，一吐一
吞，一抽一添，橫開步一左一右，各種步法與身法、手法
默契配合，即成「步向外開身隨去，手往裏行化敵來。以
柔克剛順化閃，後發先至自然成」。

　　三角步法則是橫開步與進退步法的緊密結合，內含
閃、化、攻之意。有歌曰：「三角步法先橫閃，隨進奪中
退步還。虛實變化單輕靈，順化圓活步穩健。」

　　蛇行步法更是閃中，引進落空，在閃化中、運動中出
手。有歌曰：「蛇行步法走弧線，閃開即進一氣連。神意
領動全身整，動中出手步佔先。」

　　綜上所述，步法無論如何變化，皆應體現閃化之意，
避敵鋒芒，引進落空，而後奪中即攻，此為步法之奧妙。

　　中定，在太極拳諸要領中，中定占著非常重要的地
位。在步法裏講中定，主要強調要在運動中求中定。舉步
要輕靈，站步要穩固，不失自身的平衡。足為根，根要穩
固，方能保持立身中正安舒。

　　在練太極拳時，起腳五趾自然放鬆，落步五趾自然鬆
舒而後屈趾，腳弓骨攏起，湧泉穴虛提。氣沉丹田，尾閭
中正，頂頭懸，提起精神，無前後俯仰、無左右歪斜、
「立身平準」，才能做到身勢中正安舒、支撐八面。「頂
頭懸，精神能提得起」是神的中定；氣沉丹田，呼吸自
然，是氣的中定；尾閭中正，立身中正是身形的中定；兩
手出入須經中線，護中保中，不散不亂，式式歸中，是上
肢動中求中；發手放勁無過不及，是勁中定；舉步輕靈，
讓中搶中，站中旋轉，閃開正中定橫中，閃必進（是我閃
開以後，抓此時機必須進攻，不可遲疑），進必閃（是指

257

對方猛進我時，我避其勢以閃讓化之），其閃進和進閃，對方已到我近前，出手即奏效，不必遠求。總之，「中」是太極拳運動的核心，中即常中、定無常定，運動中求中定，萬變不失中定。「中者，天下之正道」。

2. 人身與太極、八卦相應

一圓即太極，上下分兩儀，進退呈四象，開合是乾坤。出入綜坎離，領落錯震巽，迎抵推艮兌。

太極為一渾元一氣，丹田內氣之居，一氣動盪，虛無開合，動靜左右，陰陽之變，故稱一圓即太極。

兩儀：左右也。鼻為中，左右手各管一半，陰至陽開，偏沉狀態。

四象：兩肩兩胯四節即四象。進退、半進、半退、半陰、半陽，純陰純陽，互為往來。

四象八卦生：體一側手足分乾坤天地。

合者，氣往下沉，由兩肩收於脊骨，注於腰間，此氣之由上而下也謂之合。

開者：由腰行於脊骨，布於兩膊，施於手指，此氣由下而上謂之開。

兩肩鬆開，氣向下沉，勁起於腳跟，變換在腿，含蓄在胸，運動在兩肩，主宰於腰，上於兩膊相擊，下於兩腿相隨，勁由內換，收便是合，放便是開。

人頭在上為坎，主神，移居下為離；八卦中坎代表水，離代表火。水有潤下之功，火有炎上之象。「綜者，上下倒也」。人體臟腑佈局是心（火）在上，腎（水）在下，是處於水火未濟狀態。太極拳習者若能知開合，就形

成水升火降，坎離易位，呼吸出入，調息養生。故「拿住丹田練內功，哼哈二氣妙無窮……」從而獲得坎水潤下，離火炎上，二氣相交的既濟狀態，達到氣沉丹田，經絡暢通和氣機鼓蕩的內修目的。

身體兩股為震，足為巽。腿、足的運動形成抑揚伸縮，八卦中震以雷為代表；巽以風為代表。震有啟動的性質；巽有散、入之性質。故太極拳步法以震巽來代表。

左手為艮，右腿為兌，八卦中艮以山為代表，兌以澤為代表，「山澤通氣」，艮兌是左右相對，丹田為中為內，彼此通氣，丹田鼓蕩。故手腳的動作由身軀而達到「上下相隨」的協調配合。

3. 八門五步、十三勢與人體對應臟腑竅位之關係

太極拳源本出於十三勢。武當內功，開端基本功就是十三勢。這就是我們平時所講的掤、捋、擠、按、採、挒、肘、靠的八種手法，和進、退、顧、盼、定的五種步法，即俗稱八門五步。掌運八方，足行五步。八卦五行，合而成太極十三勢，是十三種方法。

八門，即八卦。八卦方位與人體對應各有其竅，而每竅在人體經絡臟腑中又各有其位。在行拳時，以意行氣，以氣運身，意到氣到，氣到勁到，這就是太極拳內練要義的根本所在。

太極八法所屬經絡臟腑竅位，與八卦對應關係簡述於後。

掤：在卦中是坎（☵）中滿，方位正北，五行中屬壬癸水，人體對應竅位是會陰穴，太極八法中此字主掤勁。

掤：在卦中是離（☲）中虛，方位正南，五行中屬丙丁火，人體對應竅位是印堂穴，此穴屬心經。太極八法中此字主掤勁。

擠：在卦中是震（☳）仰盂，方位正東，五行中屬甲乙木，人體對應竅位是夾脊穴，此穴屬肝經。太極八法中此字主擠勁。

按：在卦中是兌（☱）上缺，方位正西，五行中屬庚辛金，人體對應竅位是膻中穴，此穴屬肺經。太極八法中此字主按勁。

採：在卦中是乾（☰）三連，方位隅西北，五行中屬庚辛金，人體對應竅位是性宮和肺俞兩穴，此穴屬大腸經。太極八法中此字屬採勁。

挒：在卦中是坤（☷）六段，方位隅西南，五行中屬巳巳土，人體對應竅位是丹田穴，此穴屬脾經。太極八法中此字主挒勁。

肘：在卦中是艮（☶）覆碗，方位隅東北，五行中屬戊巳土，人體對應竅位是肩井穴，此穴屬胃經。太極八法中此字主肘勁。

靠：在卦中是巽（☴）下斷，方位隅東南，五行中屬甲乙木，人體對應竅位是玉枕穴，此穴屬膽經。太極八法中此字主靠勁。

卦、位、體三者對應關係如下頁圖：

五步，即指進、退、顧、盼、定五種步法。對應五行，即金、木、水、火、土。

五種步法同樣也對應著人體經絡臟腑的有關竅位。簡述如下。

　　前進：在五行中屬水，方位正北，人體對應竅位是會陰穴，此穴屬腎經。

　　後退：在五行中屬火，方位正南，人體對應竅位是印堂穴，此穴屬心經。

　　左顧：在五行中屬木，方位正東，人體對應竅位是夾脊穴，此穴屬肝經。

　　右盼：在五行中屬金，方位正西，人體對應竅位是膻中穴，此穴屬肺經。

　　中定：在五行中屬土，方位正中央，人體對應竅位是丹田穴，此穴屬脾經。

　　行、位、體三者對應關係如下頁圖：

　　從十三勢與八卦、五行及人體竅位之間的對應關係中，可以簡單地看出十三勢功法在保健和技擊上的意義，所以太極拳行功時實際上就是循行內經，如此自然會使人體的氣血流通無滯，從而起到去疾延年的保健作用。

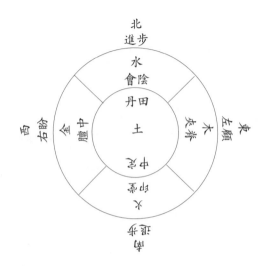

　　太極十三勢是十三種方法，而與太極理論所講「太極本無法、動即是法」有何聯繫呢？太極由動而生法。所謂動，在太極運動中就是指意動；所謂法，實際上是在意念引動下的陰陽產物，在技擊中也可以說是捨己從人、後發先至的聽勁反應，總之只有動時才生陰陽，有了陰陽才能產生出基本方法中的某一特定方法。

　　我們可以把太極功運行者，看成一個在空間運行的渾然大球，球中可孕陰陽，陰陽因意動可生法，而十三勢正是在大球動行中因意念引動而產生的基本方法。所以說渾然大球並無法，只有意動才生法，這就是十三勢與拳論上所講有關論述的內在聯繫。從整個太極功法的運行來看它是連續的，但又是基本方法的任一特定狀態下的一個瞬間點。不從時間和空間的概念來描述十三法的特定狀態，就無法理解太極拳中的每一動有每一動之虛實，每一處有每一處之虛實的說法。

（四）勁法的應用

　　小快式是楊式太極拳的實用拳。太極拳，以柔入手，達到剛柔相濟。其動手宗旨以柔克剛、以靜制動、後發先至。以柔克剛、以靜制動，不能將其理解成總是被動，不用勁，即是「後發先至」也是發了，且疾快，必達對方手未到我身之前的一剎那。這裏講的是在動手中沉著冷靜，平心靜氣，不可急躁，不可緊張，不必膽怯，做到得機、得勢、得時，而力不妄用。全然是感而靈、感而通、感而應之，隨心所欲。感者神也，應者氣也。神靈相通，意氣必至，其勁必顯。由此可見，太極拳練至用時必須發力，而且有自己的勁路、勁法。

　　小快式是在運動中發力，要發出內勁來（由內氣向外發力），形體與內氣不可脫離，但又不能用氣去發。「用氣則滯」「有氣者無力」，這裏所說的「氣」是指「力氣」，即指「拙力」，非指「內氣」。而要「先在心，後在身。腹鬆氣斂入骨。神舒體靜，刻刻在心」「全身意在蓄神，不在氣，在氣則滯」「心為令，氣為旗」，此是應用勁法之原則。練功所講之「勁」與平常人所說的「力」兩者是有區別的。在未練拳之前，人們所具有的體力，叫做「本力」或「力」。練拳之後產生了一種靈活運用的力，這種力武術稱之為「勁」。

　　「勁」是在放鬆全身各關節，由筋和肌肉自然伸縮而產生的，它可以達於四肢梢節。兩者不同點是：力散而勁聚，力浮勁沉，力有形勁無形，力澀而勁暢，力遲而勁速，力鈍而勁銳，力方而勁圓，力拙而勁巧。所以，無論

練何種功夫都需要練勁，動手忌用拙力，而強調用
「勁」。練習必求熟，熟能生巧，巧能生精，功深便可自
化，悟出個道理來，從實踐中不斷總結提高。

對於在太極推手中的沾黏勁及聽、懂、問、走、提等
等勁法，此處不作累敘。將技擊中常用的勁法介紹如下：

① 掤勁：掤勁是提高拔上即上捧之意。掤勁是防守之
法，不是用手，掤勁雖在兩臂，卻來源於腰、腿之勁，加
以意氣，使對方不易進來。若欲發對方，未掤之先應往後
向下用引勁，誘其勁出而顯有焦點之後，借其勁而發掤勁
則能勝。發掤勁時，須斂氣凝神，目視對方，眼不可東張
西望，神不專注。

② 挒勁：挒為疏散之意。挒勁之前先是引勁，引挒合
用，無間無隙。用此挒勁須配合步法和身法才好發揮作
用。引挒對方要注意向外（左右）斜出30°角較為安全，
對方難以借我之勁進攻我，也不易被滑脫。使用挒勁還要
把握好時機，時機過則不能發，時機未到也不能發，因為
時機已過勢已盡，發了無效果；未到不易得勢，也不能
發。所以在用挒時，須全身精神貫注，神注對方，抓住機
勢而施之。施用此勁將可移動對方重心而取勝。

③ 擠勁：擠是向外或向前推、擲，使之不得運轉為擠
勁。擠勁為發人用手。此勁多在對方挒我時，才能用擠。
用擠時，不是手和臂的勁，是用腰、腿之勁，用意氣發擠
勁。擠勁姿勢要圓滿，不要有棱角，頂懸身正，鬆肩墜
肘，含胸拔背，尾閭收住，上身不要前傾後仰，以避免重
心傾斜。發擠勁時，鬆腰坐胯，由內向外發。

④ 按勁：按勁時，內含開合，進退手足相應，前進後

退有升降之勢，起步虛提，落步為實，虛為引，實則為發。虛引中蓄勁，發放時鬆沉，似海浪激流放舟，整體向前，至點突發。用時須鬆肩含胸，鬆腰坐胯，收住尾閭，身正向後撐命門穴，發按勁中可變化，加入掤勁、沉勁、透勁、截勁、炸勁、爆發勁等隨機運用。

⑤採勁：就是採取、選擇的意思。當對方將移動時，我以手執對方臂、肘部位，突然往下沉。用此勁時要鬆腰坐胯，意氣下沉，輕沾重採，使對方拔動腳跟，頭昏腦脹。採時可採一邊，使對方重心容易偏於一方，失去平衡。若對方雙手攻進時，我又可做退步雙採，但勿使對方借到我力而攻我；還可以在雙採中利用對之勁瞬息萬變做雙按，手相連未斷即變勁發放，雙按對方。

⑥挒勁：分之為挒，轉移對方勁力，還制其人之身，謂之挒。用此勁多在捋、採之後連著用，即捋中變挒，又稱捋挒；採中變挒，又稱採挒。也可走橫挒勁。勁須發於腰，非手臂之功。當用挒距離遠時，須用步法、身法，在自己甩手方便適合的時機，才用此勁。與對方距離太近時不宜用此勁。

⑦肘勁：肘勁是在與對方接觸近身以手發人不便的情況下，才以肘部擊人的，肘與膝均屬中節，發人時勁力較猛，多用在攻擊對方胸窩或肋間，是很厲害的手法。用肘多發頓勁，膝須弓，身須正，屈臂盤肘，肩肘同到再出肘，眼視對方神意真。

⑧靠勁：靠勁是比用肘時雙方接觸還近，貼上身後使出來的擊法。靠打時，肩胯合，與對方成直角（丁字形）時，順步插入對方襠之間，全身整體進入向下沉坐腰胯，

265

身正沉氣，頭上領，眼神注於擊打處。靠似一座山，進步不擁身，鬆腰向下坐，一手護住臉。

⑨引勁：此勁是在對方即動，我接之而引其入於自己所理想的路線，使對方重心不穩，落於空處，引入我圍，再行擊之。

⑩拿勁：即輕接輕化。必須注意動作要輕靈，重則易被對方發覺而變化脫去。運用拿勁時要在人不知鬼不覺之間，拿住對方關節，如肩、肘、腕等處，否則，易被化脫。拿人之時伸手不可遠，若遠必須進步，否則有失重之虞，即所謂：「拿人不過膝，過膝即不拿。」拿人不是用手上的勁拿，拿勁主要是在腰腿上的勁。拿人不是用力拿，主要在於運用意氣和步法，配合以身法和方向的變化，使被拿者身不由己。

⑪放勁：即是發勁，又稱發放勁。是在化去對方之中內含發放之意和勁的方法，攻守如一，化即是放，不是單一的守勢，而是不頂不抗之中化去對方之勁，而我即時變為放發之勁，變被動為主動。在發放的過程中，隨心所欲變化勁法，即發出冷彈勁、滲透勁、抖勁等勁法將人發放出去。拿勁要輕，放勁要重，即輕接重放之法。

⑫冷勁：在引人發人時，不知不覺，由輕靈中突然加速，將全身蓄好之勁發於人身。此勁猛烈異常，乾淨俐索，絕不拖泥帶水，來之疾，去之迅，無影無形，使對方防不勝防。

⑬彈勁：一觸即發，發後即收，疾、猛、快、硬、剛中寓柔。驚彈抖擻。其勁鬆活疾猛，勁去自回，再用依然還有。

⑭滲透勁：觸人柔軟，曲中求直，延長勁力，使之接觸到皮肉擊傷對方體內器官，使對方體內感到難受，而體表卻無大礙。這種勁法，內功必須深厚。否則，發不出來這種既柔又沉透的勁力來。發滲透勁的時候似激浪放舟，表面上看是無力的，其實放出的勁相當沉透。

⑮炸勁：一觸對方，即如驚雷，似炸彈迅速猛烈炸開，使對方感到如觸電一般，心慌意亂，六神無主。

⑯鼓蕩勁：運用帶脈之氣往復回蕩，兩手基本在原位不動，以內氣鼓蕩運動，加之腰軸的轉動，發出如波似浪的整勁來。要求內外合一，呼吸自然配合，不可憋氣努勁。一定要腹內鬆靜，由內向外發力，全身不可有一處僵勁。

⑰整勁：發勁的瞬間，內氣帶動周身，六節相摽，百骸一家，一動無不動，一靜無不靜。一到全到，一停全停，一發全發，周身統一，全身皆整。發人在浪頭，收手似浪尾。

⑱車輪勁：此勁連貫不息，週而復始，如車輪活暢，動為數圓。如車輪擠勢，在連續滾動中化手進手。

⑲連環勁：一動緊連一動，滔滔不絕，使對方只有招架之功，無還手之力，甚至連還手之力全沒有，只有連連挨打。其腹內往復揉旋，體鬆放勁，非常順暢。如小快式中的連珠掌、連環手等。

⑳螺旋勁：又稱纏絲勁，出手曲線，到梢頭還有內含的小圈。圓的運動曲線，曲中求直的發放法。無一處不為圓，大圓、小圓、平圓、立圓、斜圓、正轉、反轉，任意方位的運動圓，由大到小，由小到大，由正疾反，皆是圓

267

的運動。圓的運動規律是宇宙運動的根本形式。不停不斷
的變化圓的運動，由大小、方向到速度的變化，以內氣和
腰中及周身各部位發動的圓轉旋動之勁。化在圓中，發在
圓中，可使對方受纏勁之後拔根失重，立即跌出，也可使
對方來手即化出，被擊近在咫尺，非常奧妙。皆是螺旋環
中之趣。

㉑借勁：乘人之勢，借人之力，還制其人之身。高來
高往，低來低去，來勢愈猛，被擊愈烈。以小力挫大力，
以弱勝強。此為借力。用此勁時，無引勁，無拿勁，只含
有少許化勁。隨到隨發，不用思索，其快似閃電，接手借
勁，不早不遲，及時準確。牽動四兩撥千斤，即為借勁打
勁。

㉒開勁：見對方來，立即化開，開勁含展之意。用於
走對方裏環（內門）。出勁迅猛，用開勁時要有身法和步
法的密切配合，距離不能過遠，過遠則無法運用。開勁須
用腰腿功，加以意氣，並不是只用手臂來開。對方來進
招，當恰到好處時，我當即發開勁，且開的得勢，開後即
須發，不發則失去良機。例如：擠後開手即進，做雙按
發；搬攔捶之後，開手即進按發等勢。

㉓合勁：合勁與開勁相反，而又是兩人相對照之勁，
所以說有開必有合，有合必有開，開合勁是連帶的兩勁，
且連著使用的兩個勁法。合勁近於圓，有合攏、緊湊、關
閉之意。合時須用腰腿功，要含胸拔背、鬆肩墜肘，使內
氣貼於脊背，發出整合沉長的勁來。且合而後即發，所謂
「合即出」。在發人時多含有合中之勁，因這種勁內氣合
聚，勁不散。一開一合，連發不斷，效果較好。

㉔爆發勁：發動時沉入丹田之氣突然聚合，做到勁隨氣走，氣動法行，氣勁合一，周身成一整體，一動全身皆動，一發全身骨節相隨，發勁的瞬間即整，勁發後即鬆，使勁招之即來，用過即散，再用又還，意氣不斷。丹田之內氣瞬間聚合，即刻運作未停。

㉕截勁：對方被我引進落空或我化閃之後，正當對方欲變化而又不能變化之際，我隨即發截勁向其中心發去，剛勁有力，疾速且短促，對方被擊，跌勢甚猛。另一種機勢是要掌握在對方欲向我發力卻未發出之前，我一勁發至他中心，使他之氣塞於胸中，將他之勁截悶在體內，嚴重時使他呼吸不得，謂之打截氣。

總之，發勁（力）是小快式拳的一大特點。特別是要發出化放勁來，它不同於一般太極拳的練法，在發勁時又多是在運動進行中，定勢很少，即便是定也是相當短暫，絕不能停斷，必須一氣呵成！如此要求，功底淺薄者是很難做到的。習者須將一勁練成，再習練一勁。當基本掌握成熟了，再學盤架，將所學勁法運用其中。使拳勢輕靈圓活，生機勃勃，起伏升降，團發蓄放，吞吐開合，收放抽添，悠悠蕩蕩，非常優美。發勁冷彈脆快，剛柔忽隱忽現，動作時緩時疾，神意細微熨貼。

（五）楊式內傳太極拳訣

1. 拳法秘訣

拳不在多，唯在精熟。練之純熟，十三勢即變化無窮。由博而約，則招熟而隨變，多也無數，不外心身手力

齊出，方為拳術招勢。故十三勢歸存心君要義，各有字
訣。

敬、緊、徑、勁、切之內勁心法。
起、承、轉、合之身法要意。
聽、化、拿、發之神作動態。
沾、黏、連、隨之手法訣竅。
敷、蓋、對、吞之呼吸神意。
擎、引、鬆、放之靈（法）擊技巧也。
出手接手沾，起腳身相靠。閃開即進步，顧住即攻上。
得實即發放，化打發相連。捨己須從人，順掌握主動。
手從腿邊起，意到腳邊跟。側身步輕移，肩鬆勁貫指。
藏勢彎左膝，靈動變虛實。軟中帶沾力，一貼即吐出。
虛實相結合，手到腳也到。長拳帶短打，四兩撥千斤。
直腕消肩處，進步力莫遲。內來援回救，步對其襠擊。
外關奪相隨，回勢奪先機。順化牽連用，擒拉捋振宜。
逼彼吸猛勢，擠發未發時，吞吐吸最奇，吸採靠抖吐。
腿腳丁不八，靈活意腰胯。兩股收而夾，正腰旋軸架。
平視頭頂拔，勁從心中發。兩肘含兩腋，雲手護肋家。
三尖相對照，肩沉捲緊壓。神清心意得，已勝為仙家。

千金一訣，練就各節，吞吐齊應，妙難盡說。
外借彼力，順勢取虛，內借己力，各節應推。
技擊之道，武當正宗。無筋無骨，無肉無形。
自然而然，內外通靈。大小由之，剛柔隨之。
忽長忽短，忽伸忽縮。忽高忽低，忽重忽輕。
忽進忽退，忽虛忽實。忽有忽無，忽動忽靜。

手動身隨，變幻無窮。十遍百遍，千遍萬遍。

多想多練，自然成功。

想得通，練得靈。

越想越通，越練越靈。

大化小，多化少。

有化無，無化有，靜裏求功。

出手與發手論有：

出手與發手不同，出手是行拳，發手是招法，出引要柔，發招要剛。引每多虛，發則必實，短出自衛，長發擊人。反之短發制人，則必出長手以自衛。靈活運用，要長中有短，短裏有長。長出則短發，短出則長發。長手在前則短手在後做攘手，短手在前則長手在後做攘手。短手要靜緊，長手要鬆靈，如此則短不慢，長不遠（遲），可以後發超前手。長手曲而柔，直而剛。短手要明柔暗剛。長手係用扔揚之勁，短手則用抓拿之力。短手由腕出，長手由臂發。手動身隨，勁整力足。起則合提，落則分按。不急不徐，靜中求動。動別忘靜，左右逢源。出入自由，不封不閉，不支不架。出手如鷹之準，發手如鵬之展。又靜又快，先照後擊。百發百中，如是則得出手發手之妙矣。

① **內勁心法之解**

敬：敬者慎也，「本是捨己從人，多誤捨近求遠」，即此意。

緊：緊者神內斂，內固精神外示安逸，即沾連逼緊之意。

徑：徑者走近路，曲中求直，勿捨近求遠，即用最近捷之法。

271

勁：勁者，嚴守勁法蓄、發、剛、柔的變化規律，勁不妄用。

切：切者聽也，利用觸覺察明彼方訊息變化，作出判斷，以克制彼方。故切者偵察能力，相密切而不丟離。

②**身法要意之解**

起：起者開始之意，發勢為起。

承：承者繼續之意，接榫為承。

轉：轉者，變化轉換之意，轉者腰為主宰，即「命意源頭在腰隙」。

合：合者收合，成勢為合。

此外，起、承，轉、合結合呼吸的時候，起承為吸，為合、為蓄；轉合為呼，為開、為發。在動作中間不可有停頓之處。內外、上下、左右、前後要協調一致，上下相隨，不先不後，做到內外合一，一氣貫穿，一氣呵成。

③**神作動態之解**

聽：即似中醫之切脈，探明彼方之變化，即虛實、剛柔、方向、快慢、力點等諸方面的變化，以應之。

化：化者柔，柔者順，順者不頂，順化為走。

拿：拿者神意取之，輕靈無形，對方之意盡在我控制之下。

發：發者即攻之意，一化一發，一守一攻，攻守如一。

④**手法之訣竅**

沾：沾者手與手相沾，若即若離。

黏：黏者如膠似漆，黏住不離。

連：手與手、肘與肘相連不離。

隨：捨己從人，隨彼之勢，不頂不丟，無過不及。

⑤呼吸神意（拿住對方的氣，感之而變，又稱「四字密訣」）（武禹襄）

敷：敷者，運氣於己身，敷布彼勁之上，使之不得動也。

蓋：蓋者，以氣蓋彼來處也。

對：對者，以氣對彼來處，認定準頭而去也。

吞：吞者，以氣全吞而入於化也。

此四字無形無聲，非懂勁後，練到極精地位者不能知全。是以氣言，能直養其氣而無害，始能施於四體。四體不言而喻矣。

⑥靈擊技巧解（亦稱撒放密訣）（李亦畬）

擎：擎起彼身，借彼力（中有靈字）

引：引到身前勁始蓄（中有斂字）

鬆：鬆開我勁勿使屈（中有靜字）

放：放時腰腳認端的（中有整字）

⑦腳不丁不八：丁字步小，八字步大，不丁不八，最為靈活。

兩股收而夾：不丁不八，足分前後，兩股緊夾，隨意轉身。

平視頭頂拔：身正步正，兩眼平視，頭頂神足，精神爽朗。

勁從心中發：吸氣蓄勁，呼氣發勁，由內而外，意動氣隨。

兩肘含兩腋：蓄勁之時，肘貼兩旁，發能擊外，收能防內。

三尖相對照：手進足進，身法整齊，上下相隨，鼻尖相對。

肩沉捲緊壓：埋伏身勢，提活肩勁，隨風變化，由緊而伸。

神清意自得：神清意爽，瀟灑自然，勿屈勿撓，當前莫怕。

2. 拳法十八字訣

①殘字者：以吾手緊直探其虛實之來，即以推字沾應，暗用疾字緊推，則無不去也。

②推字者：推者探也，彼來我手沾應，辨其虛實開展用之。

③援字者：彼掩，吾手活潑效猿猴之捷動。倘彼手未落即用此手救之，迎其未來以奪之。

④奪者：搶也，奪其來力為吾手之用也。

⑤牽者：帶也。乃彼強我弱手交即牽，使彼立止不定，借彼勢力為吾伸縮之用也。

⑥捺者：按也。乃須吾手練熟一股沉重活動之力，至於堅緊穩熟跟彼方向沉按不離，為吾展施之用。

⑦逼者：閉也。閉其身強力大，占彼半步，使其實為虛，為吾得展勢之用也。

⑧吸者：縮也。縮進吾身全在順手一點之功。

⑨貼者：沾也。出手即沾，貴在手去緊疾之至。

⑩拉者：掇也。彼上部勇猛，妙不與鬥即變此手克之。

⑪圈者：順也。與吸相連而用。

⑫插者：堅也。以吾之實，能取彼之實也。

⑬拋者：丟也。驚彼慌張為吾靜逸之用也。

⑭托者：幫也。有輔佐諸字之功。

⑮擦者：近也。手滯也何處用緊近推之之意。

⑯撒者：擋也。周身練熟取其力猛，隱撒疾推相連運用，甚速也。

⑰吞字者：吞者沒也，防內外上中下五門披攔截砍，彼來勢洶湧，我即將其吞沒，使彼莫測。

⑱吐字者：吐者伸也、出也。舒伸吞吐相連使用。遇至而吐，令彼莫測其端。

於中吞吐更須練熟，其功浩大，用出使彼莫測，其十八字要義緊者，須當日時練習默喻其順逆遠近，展施宜週而復始循環莫間，使筋直，勁緊、骨節合縫，不至彎曲軟弱種種。既明悉周身穴道。能以弱推強，窮通虛之文也。

夫標者乃萬拳之宗，出沒有鬼神莫測之。筆敘難盡其意，學者當尋明師以細究之。

3. 拳法十八字訣解

①殘字：此手發出變化多端，始勢最要詳明，周身俱要活軟，切不可實用力，用力難變，舉手一推，盼彼胸心，切勿怯怕而致有誤主乎。手從腿邊起至身當以二指為主，箭射紅心，不可虛發，左手要顧，身樁帶逼吸。腳不丁不八，手腕活軟心防變，膽放大發出無差誤，此殘字之定勢變化，俱從始大用推字詳之。

歌曰：「腳不丁不八，左膝略略彎，身勢實在後，右步活自然。」

②推字：推者探也，唯推之功最大，其餘字字循環獨

賴推字之功，學者至神明變化之後，全歸其功於推之一字，故稱曰「摽手」，手出時，疾速緊沾，捺撒相連，展施大用全在手掌，肩要消，膝要緊，步穩而不宜闊，闊立難變，僅防跌失，方無差誤。

③援字：援者救也，防內門披攔截砍，左右隨吾邊門，抖手來極猛即變化手救之，若彼將手托開，走邊門用老猿攬肩，黃鶯抓肚勢，當隨向進步，主手援住不放，右手托在彼手，近身一步，隱緊擦掇疾推之。

歌曰：「手低其胸前，內來即變援，隨向用分順，疾吐莫遲延。」

④奪字：此手法與援字相似，倘遇外門披攔截砍，雙手擒拿，即變此手取之，吾一轉即去，隱緊擦疾推去之。

歌曰：「我手方才出，彼疾取外關，急回身勢奪，分推步向前。」

⑤牽字：牽者帶也，彼上部勇猛，恐難取勝，交手即牽，使彼立止不定，借彼勢力為我伸縮之用也。左手亦要幫取，自椿立穩，腰帶吸字，隱緊擦掇疾推去之。

歌曰：「出手取向中，任彼向後衝，借勢牽是帶，用順與奪同。」

⑥捺字：捺者按也，乃須我手練熟一股沉重活動之力。至於堅緊穩熟，跟彼方向沉按不離，雖是交手不離其身，彼左亦左，彼右亦右，就其動虛之際，進前一步穩撒推去甚速也。

歌曰：「披攔並發托，輕捺自然沾，處處分虛實，每吐要消肩。」

⑦逼字：逼者閉也，倘彼將起猛勢，舉手即閉，使其

276

實為虛，為吾乘勢之用。如其不逼，彼如亂拳紛來，吾徒勞而無功，彼更足跳手探，吾身穩而為虛，況身強力大者，不逼而得勢，則對敵難勝，亦唯躲閉幸取而已矣。夫躲閃，幸取雖勝，不足為法。蓋逼者，逼其進退之餘也。故曰：「占彼半步，使彼不能前進，而吾乃得一推而去矣。」

⑧ **吸字**：吸者縮也。吸逼二字相連，運用在心，有保救諸字之功。當吾手發出或有雙手擒住，有想取吾胸膈與吾下部者。吾本手不能盡出，勢正危急宜用此救之。謂吾氣入而身縮也。

⑨ **貼字**：此手用法與逼吸兩字相連，手出時，周身俱要活軟，隨意而出，乃要直動曲取，重在迅疾之功，使彼莫測，借彼勢力乘其虛之意也。

⑩ **拉字**：此手變法，彼上部猛勇，本手難取亦變化此手用之。彼用左手一挑右手，想取我胸或取我下部邊門、妙不與門，即變掇字克之，貴其速也，不可候他身轉，轉外跟外，轉內跟內，左手扶住彼右手，用推掇去之。

⑪ **圈字**：此手變法，倘用牽之時，彼即跟進，勢正洶湧，本手不能發出即變此手救之。全在順手一轉之功，乘其虛實之意也。

⑫ **插字**：插者刺也，堅而入之也。倘彼外來披攔截砍，雙蓋手，肩峰坐肘手來勢洶湧，本手不能進取其中而取兩邊，即變此手插字克之，全在一股堅勁之功。手落時，肩貼他肩，左手幫助同去亦有三分借彼勢力，乘其虛之意也。倘彼內來披攔截砍，即變左手插取之。

⑬ **拋字**：此手變法，吾手一出，彼用披攔截砍手攻進吾身想砍下吾手，重在相貼之時變出一浮字，兜住彼手內

轉半手，顧收左手封住彼身勢，暗用擦撒堅推無有不去者。

⑭托字：此手法有幫助諸字之功，幾手俱不能離，學者熟練之大有救佐之功，吾手一出，彼用雙蓋手意取我上部，吾變重變時勿使彼蓋下主手插進，用一股救勁兜住左手封逼，使彼難變，用擦緊推無有不去者，此借彼勢乘其虛之意也。

⑮擦字：此手用法，吾手發出，彼用斂步，躲閃自勢，吾當手貼不離，腳隨彼轉，滯在何處即在何處用之，或有用外雙擒手托住者，當先分他虎口，身緊一步，肘上帶按，隱緊逼撒疾推相連運用，此驚彼慌張為吾沟湧之用也。或用雙分手將吾手托在腦頂，意想取吾胸膈與吾下部。吾當進一步，即在頂上隱緊逼撒疾推去之（右手推彼咀），更有右左相換陰陽手者，用牽字帶下仍出亦可，學者宜詳之。

⑯撒字：此手與推字相似，彼前明進吾身擋其力猛，當即用此，彼左側左出，彼右則右出，隨內進步勿怯，大有瀟灑脫離之勢。

⑰吞字：吞者沒也，防內外上中下五門披攔截砍，雙分手雙蓋手來勢沟湧即變此法，使彼莫測，大用在吐字詳之。

⑱吐字：吐者伸也。舒伸吞吐相連運用，出沒令彼莫測其端，方為有得。所謂於中吞吐，更須練熟，蓋遇至而吐，一吐復吞，其有關於諸字者大矣。

4. 拳法十八字理訣

此手精奇，不用猛力。文人弱士，皆可學習。

總究其理，十八字勢。按上中下，左右進取。
上中宜緊，下部屈膝。舉身立腳，切勿用力。
直由子午，後曲前直。如十八字，各隨所宜。
殘推援奪，牽捺逼吸。拋托擦撒，隨手順意。
逼擦隨轉，借彼勢力。手到其胸，疾推莫遲。
拉不與鬥，貼跌更奇。彼來洶湧，圈插敵之。
以柔克剛，以疾克遲。以靜待動，以曲取直。
任彼千變，我心則一。身正貌柔，意捷氣吸。
性靜情逸，目定神恬。進生退死，畏懼不得。
入門手法，出手緊直。來身千鈞，以捺緊抑。
手從足進，肩亦隨之。其中奧妙，瀟灑脫離。
來有蹤影，去無形跡。後其所發，先其所至。
字字循環，一能克十。一字不精，難以雲成。
視之如婦，奪之如虎。謹防跌失，方無差誤。
勤演熟練，護身有益。奸匪不授，切記勿違。

5. 拳術發手秘訣解

手從腿邊起：肩往下沉，手頭輕起，對胸出手，敵變我跟。

側身步輕移：側身出步，輕輕著地，不可踏實，實難變移。

藏勢彎左膝：左膝略彎，身勢在後，右手身步，活變自然。

殘軟近沾其：但凡出手，要軟如綿，任彼洶來，輕輕急沾。

才沾即推吐：方才沾著，疾忙推吐，沾處先發，直腕

消肩。

消肩不可遲：沾處即推，直腕消肩，蓋身進步，切莫遲延。

內來援回救：彼取我內，回手救之，步對其襠，方向自然。

外關奪相隨：彼取我外，回勢奪之，手足同進，手推向前。

順勢牽可用：來勢猛勇，盡力向前，順借其勢，隨向用牽。

擒攔捺正宜：擒搶吾手，攔砍撥開，輕輕捺定，分推向前。

逼彼吸猛勢：將起猛勢，沾彼向前，滯死其力，阻其活便。

吞吐吸最奇：彼攔截砍，欲斷吾手，將靠即吸，毫忽不疼。

6. 周身大用要訣

太極拳法妙無窮，掤捋擠按雀尾生。

斜走單鞭胸前占，回身提手把招封。

海底撈月亮翅變，挑打軟肋不留情。

摟膝拗步斜中找，手揮琵琶穿化精。

貼身靠進橫肘上，護中反打又稱雄。

進步搬攔肋下使，如封似閉護正中。

十字手法變不盡，抱虎歸山採挒成。

肘底看捶護中手，退行三把倒轉肱。

墜身退走搬挽勁，斜飛招法用不空。

海底針要躬身就，扇通背上托架功。
撇身捶打閃化勢，橫身前進招法成。
腕中反有擒拿法，雲手三進臂上攻。
高探馬上攔下刺，右左分腳手要封。
轉身蹬腳腹上占，進步栽捶迎面衝。
反身白蛇吐信變，採住敵手取雙睛。
右蹬腳上軟肋端，左右披身伏虎精。
上打正胸肋下用，雙峰貫耳招法靈。
左蹬腳踢右蹬勢，回身蹬腳膝骨迎。
野馬分鬃攻腋下，玉女穿梭四角封。
搖化單臂托手上，左右用法一般同。
單鞭下勢順鋒入，金雞獨立占上風。
提膝上打致命處，下傷二足不留情。
十字腿法軟肋斷，指襠捶下靠為鋒。
上步七星架手勢，退步跨虎閃正中。
轉身擺蓮護腳進，彎弓射虎挑打胸。
如封似閉顧盼定，太極合手勢完成。
全體大用意為主，體鬆氣圓神要凝。

7. 十三勢操手要訣（又稱「十三字用功訣」）

逢手遇掤莫入盤，沾黏不離得招難。
閉掤要上採挒法，二把得勢急無緩。
按定四正隅方變，觸手即沾先上先。
掆擠二法趁機使，肘靠攻在腳跟前。
遇機得勢時退走，三前七星顧盼間。
周身實力意中定，聽探順化神氣關。

見實不上得攻手，何日功夫四體全。

操練不按體中用，修到終期藝難精。

此乃自我練內功之法，要在「修」字上下工夫，不是推手，須知推手日久養成等待的毛病，遇敵容易被對方擺佈，不見敵手不敢出手，以致受制於人。切記！

（註：三前即指眼前、手前、腳前；七星即指手、肘、肩、足、膝、胯、頭七個部位）

8. 八法五步練功須知（又稱「十三字行功訣」）

掤手兩臂要圓撐，動靜虛實任意攻。

搭手捋開擠掌使，敵欲進招實難逞。

按手用招似傾倒，二把採住不放鬆。

來勢兇猛挒手用，肘靠隨時任意行。

進退反側應機走，何怕敵人藝業精。

遇敵上前逼近打，顧住三前盼七星。

敵人逼近來打我，閃開正中定橫中。

太極十三字中法，精意揣摸妙更生。

9. 動機十八要訣

掤在兩臂，捋在掌中，擠在手背，按在腰攻，

採在十指，挒在兩肱，肘在曲使，靠在肩胸，

進在雲手，退在轉肱，顧在三前，盼在七星，

定有隙，中在得橫，滯在雙重，通在單輕，

虛在當守，實在必衝。

10. 內勁發手八要訣

掤要撐，捋要輕，擠要橫，按要攻，
採要實，挒要驚，肘要衝，靠要崩。

11. 八字訣

掤捋擠按世間稀，十個藝人十不知。
若能轉靈並堅硬，沾連黏隨定無疑。
採挒肘靠更出奇，行之不用費心機。
果能沾連黏隨者，得其環中不支離。

12. 用工訣

輕靈活潑求懂勁，陰陽既濟無滯病。
若得四兩撥千斤，開合鼓蕩主宰定。

13. 八字法訣

三換二捋一擠按，搭手遇掤莫讓先。
柔裏有剛攻不破，剛中無柔不為堅。
避人攻守要採挒，力在驚彈走螺旋。
逞勢進取貼身肘，肩胯膝打靠為先。

14. 陰陽訣

太極陰陽少人修，吞吐開合問剛柔。
正隅收放任君走，動靜變化何須愁。
生剋二法隨招用，閃進全在動中求。
輕重虛實怎的是，重裏現輕勿稍留。

15. 虛實訣

虛虛實實神會中，虛實實虛手行動。
練拳不諳虛實理，枉費工夫終無成。
虛守實發掌中竅，中實不發藝難精。
虛實自有虛實在，實實虛虛攻不空。

16. 亂環訣

亂環術法最難通，上下隨合妙無窮。
陷敵深入亂環內，四兩千斤招法成。
手腳齊進橫豎找，掌中亂環落不空。
欲知環中法何在，發落點對即成功。

17. 修眞二十字訣打法

披、閃、擔、搓、歉、黏、隨、拘、拿、扳、軟、
掤、摟、摧、掩、撮、墜、續、擠、攤。

用以上二十字訣作出冠頂五字經如下（又稱「五字經
訣」）

披從側方入，閃展全無空，
擔化對方力，搓磨試其功，
歉含力蓄使，沾黏不離宗，
隨進隨退走，拘意莫放鬆，
拿閉敵血脈，扳挽順勢封，
軟非用拙力，掤臂要圓撐，
摟進圓活動，摧堅戳敵鋒，
掩護敵猛入，撮點致命攻，

墜走牽挽勢，繼續勿失空，

擠他虛實現，攤開即成功。

《修真打法二十字訣》白話解如下。

①披字：披即是分、開之意。由側方的分開進入稱之為披。

②閃字：閃即側身避開，俗謂之閃，瞥然一見的意思，不頂而側讓，不丟而黏之為閃，不是完全離開出了很大空隙的樣子。

③擔字：擔即負擔起責任之意。任敵襲擊待其勁將著身時，負其攻勢下懸以化其勁叫做擔。並不是擔擋敵人之擊或擔出敵人之手足之意。

④搓字：搓即手相磨之意。我之手腕臂肘與對方手腕臂肘互相磨擦，試其勁之去向，敵進我隨之退，敵退我趁勢攻，在沾黏不脫之中要有圓滾之意。

⑤歉字：歉是不夠不足之意。含是力儲在內，含而不露，蓄是積蓄之意，與敵手先用一部分力量試探，保存著大部分的後援力量，待試探出對方有機會進招的時候，再把蓄積的含力全部發出，即為蓄力待發。就是說出手不可太滿，即為歉之意。

⑥黏字：黏即沾、染、相著、膠附之意。纏續不脫，不即不離，人背我順隨機變化。

⑦隨字：隨即順從，跟隨之意。敵為主動我為被動，循其後而行，所謂亦步亦趨之意。

⑧拘字：拘即執，取之意。又是趁勢拘住敵人之手足腕臂發呆不動的樣子。

⑨拿字：拿即擒捕、牽引的意思，擒住敵人各部叫做

285

拿；攫點敵人脈穴也叫拿，順勢攀引也叫拿。

⑩**扳字**：扳即挽手援手牽制之意。以挽住敵手各部為扳；順牽制敵人各部也叫扳。

⑪**軟字**：軟即柔的意思，不許用拙力而聽其自然之沾黏勁，用以化敵之勁的意思。

⑫**掤摟字**：摟即拽、持之意，握持成拽抱敵人手腕、臂膀，使其不能逃脫叫做摟。

⑬**摧字**：摧即挫、折之意。能摧剛為柔，乘勢以挫敵，敵鋒陷其中墜而折之也叫做摧。

⑭**掩字**：掩即遮、蓋之意。遮避之而襲敵叫做掩，閉守敵攻，覆護以化其勁也叫做掩。

⑮**撮字**：撮即聚集、採取之意。以手指取敵各部或點其穴道叫做撮。

⑯**墜字**：墜即落地、隕越之意，太極拳中處處要墜即為敵所牽挽，我沉肩墜肩墜肘如萬鈞重，再乘其隙以襲之無不應手奏效。

⑰**續字**：續即連、未繼之意。未能懂勁始續可言續，沾黏不脫，式式貫穿，其勁似斷而意仍不斷則能續連的意思。

⑱**擠字**：擠是擠法，用擠引敵顯出虛實之隙，我拿準即攻之意。

⑲**攤字**：攤即展開之意，又如以手佈置陳設的樣子，因而叫做攤。攤開也就是大舒大展，直發到底的手法，使對方不得還手，我一舉成功。

歡迎至本公司購買書籍

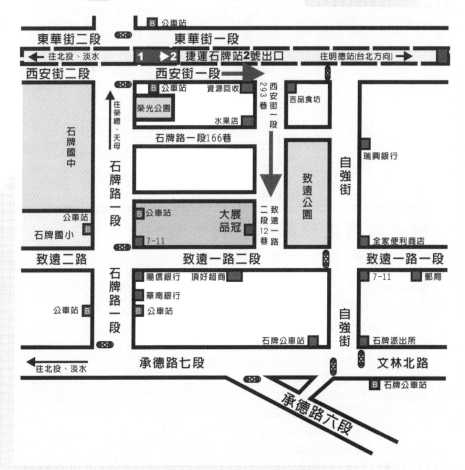

建議路線

1. 搭乘捷運・公車

　　淡水線石牌站下車，由石牌捷運站2號出口出站(出站後靠右邊)，沿著捷運高架往台北方向走(往明德站方向)，其街名為西安街，約走100公尺(勿超過紅綠燈)，由西安街一段293巷進來(巷口有一公車站牌，站名為自強街口)，本公司位於致遠公園對面。搭公車者請於石牌站(石牌派出所)下車，走進自強街，遇致遠路口左轉，右手邊第一條巷子即為本社位置。

2. 自行開車或騎車

　　由承德路接石牌路，看到陽信銀行右轉，此條即為致遠一路二段，在遇到自強街(紅綠燈)前的巷子(致遠公園)左轉，即可看到本公司招牌。

國家圖書館出版品預行編目資料

> 楊式內傳太極拳小快式／張漢文 蔣 林 編著
> ——初版，——臺北市，大展，2015〔民104.06〕
> 面；21公分 ——（楊式太極拳；8）
> ISBN 978-986-346-071-8（平裝；附數位影音光碟）
> 1.太極拳
> 528.972 　　　　　　　　　　　　　　104005760

楊式內傳太極拳小快式 附 DVD

編　　著／張漢文 蔣 林
傳　　授／張文炳
責任編輯／李彩玲
發 行 人／蔡森明
出 版 者／大展出版社有限公司
社　　址／台北市北投區（石牌）致遠一路2段12巷1號
電　　話／（02）28236031・28236033・28233123
傳　　眞／（02）28272069
郵政劃撥／01669551
網　　址／www.dah-jaan.com.tw
E - mail ／service@dah-jaan.com.tw
登 記 證／局版臺業字第2171號
承 印 者／傳興印刷有限公司
裝　　訂／承安裝訂有限公司
排 版 者／弘益電腦排版有限公司
授 權 者／北京人民體育出版社
初版1刷／2015年（民104年）6月

定　價／380元

大展好書　好書大展
品嘗好書　冠群可期